JN076173

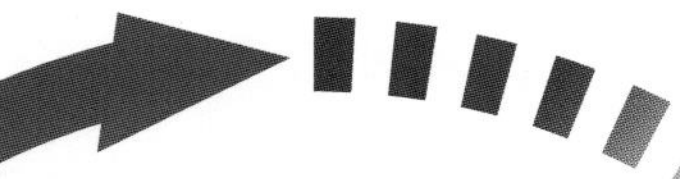

単語・文法・速読の
3ステップで特訓！

TOEIC® L&Rテスト Part7 時間内制覇

著・早川幸治

はじめに

1冊まるごと知識をつけてスキルに高める教材をあなたに

「どうしても最後まで終わらない……」
「ゆっくりなら読めるのに、速く読めない……」
「速く読もうとすると、意味がつかめなくなる……」

本書はそういった悩みを抱える方のための１冊です。目標はただ１つ。「最後まで終わるリーディングスピードを身につけること」です。

本書は、効果的な解き方を追求する対策教材ではありません。解く練習をすると、解答スピードは上がります。しかし、読むスピードが上がるわけではありません。もちろん、大量に解く練習をしたり、問題タイプ別のアプローチを練習したりすることで正解数を増やしていくことはもちろん大切です。しかし、その解答技術をフル活用するためには、素早く正確に本文を読めるスキルが不可欠です。

そこで「読めれば解ける」という大前提に立ち返り、本文を素早く正確に読めるようになるためのトレーニングを行う教材が本書です。すべての文書において、問題を解くというタスクをあえて最後に行います。すでに大量に問題を解いてきたという方にこそ大切なのは**「答え探し」から「内容理解」へとシフトすること**です。

本書の学習の流れはシンプルです。まずは「内容理解」のために、重要語句や文法・構文などを学び土台を作ります。しかし、これらの知識がついたからといって、速く読めるようになるわけではありません。ここに「**『知識』と『スキル』のギャップ**」があるのです。増やした知識をスキルに高めるために活用するのが**シャドーイング**です。「読むのが遅い」の背景にあるのは、「音読が遅い」です。もちろん、テスト中は声に出して読むことはありませんが、おそらく頭の中で音読をしている方がほとんどでしょう。頭の中で音読をしている場合、その音読のスピードを上がらない限り、黙読のスピードも上がりません。

リーディングが最後まで終わるスピードは「1分間に150ワード以上」と言われています。そこで、本書ではシャドーイングを通して、1分間に150ワード以上で読めるようになるためのトレーニングを行います。

テスト本番では、初めて見る英文を読みますが、トレーニングでは、「知らないもの」や「わからないもの」を活用するより、学習して知識をつけたものを活用するほうが効果的です。ここで磨いたスキルを活用して、初見の問題に取り組む流れを作りましょう。

本書を通して増やした知識がトレーニングによりスキルアップへとつながり、そのスキルがスピードアップへとつながり、そしてそのスピードによる時間内制覇によりスコアアップへとつながることを応援しています。

早川幸治（Jay）

CONTENTS

TOEIC® L&R テストについて

TOEIC® L&R テストとは？

TOEIC は Test of English for International Communication の略称で、英語によるコミュニケーション能力を幅広く評価する世界共通のテストです。TOEIC® L&R テストの正式名称は、TOEIC® Listening & Reading Test で、Listening（聞く）と Reading（読む）という 2 つの英語力を判定します。

TOEIC® テストを開発したのは、世界最大級の規模とノウハウをもつテスト開発機関として知られるアメリカの ETS（Educational Testing Service）です。日本における実施・運営は、（一般財団法人）国際ビジネスコミュニケーション協会が行っています。

問題形式

- 問題はリスニングセクション（約 45 分間、100 問）と、リーディングセクション（75 分間、100 問）で構成され、約 2 時間で 200 問に解答します。
- マークシート方式の一斉客観テストです。

パート	Name of Each Part	パート名	問題数
リスニング セクション（約45分間）			
1	Photographs	写真描写問題	6
2	Question-Response	応答問題	25
3	Conversations	会話問題	39
4	Talks	説明文問題	30
リーディング セクション（75分間）			
5	Incomplete Sentences	短文穴埋め問題	30
6	Text Completion	長文穴埋め問題	16
7	Reading Comprehension	読解問題	54
	・Single Passages	ひとつの文書	(29)
	・Multiple Passages	複数の文書	(25)*

* ダブルパッセージが 10 問、トリプルパッセージが 15 問です。

TOEIC® L&R テストを受験するには、インターネットおよびコンビニ店頭で申し込みが可能です。詳しくは、下記の公式ウェブサイトにてご確認ください。

http://www.iibc-global.org/toeic.html

本書の構成と使い方

語句音声

Step 1の語句学習で取り上げた英単語の音声です。知らない単語や発音が難しい単語をチェックしておきましょう。

短文音声

Step 2の文法・構文解説のために本文からピックアップした英文の音声が流れます。本文（長文）を声に出して読む前に、まずは短文を読んでウォーミングアップしましょう。

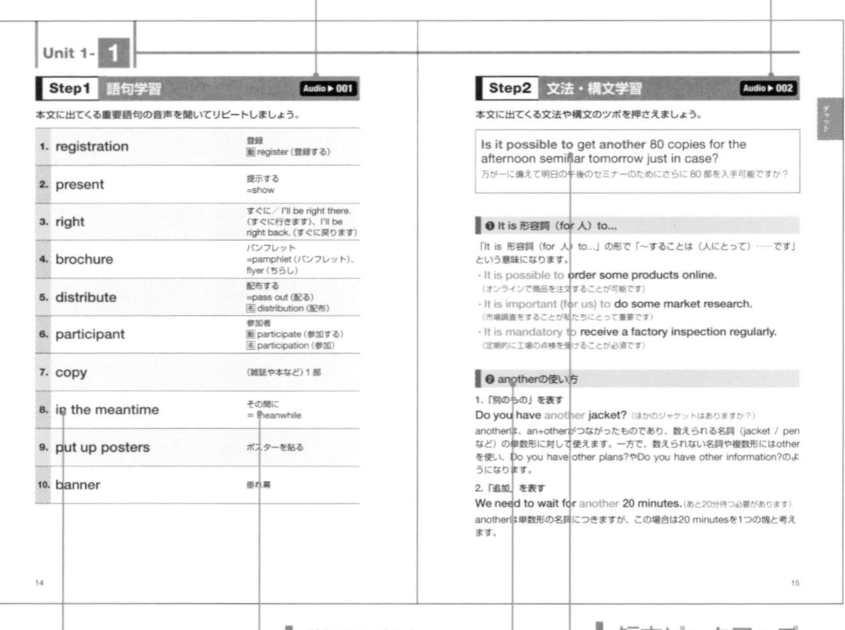

Unit 1-1

Step1 語句学習 Audio ▶ 001

本文に出てくる重要語句の音声を聞いてリピートしましょう。

1.	registration	登録 動 register（登録する）
2.	present	提示する =show
3.	right	すぐに／I'll be right there.（すぐに行きます）、I'll be right back.（すぐに戻ります）
4.	brochure	パンフレット =pamphlet（パンフレット）、flyer（ちらし）
5.	distribute	配布する =pass out（配る） 名 distribution（配布）
6.	participant	参加者 動 participate（参加する） 名 participation（参加）
7.	copy	（雑誌や本など）1部
8.	in the meantime	その間に = meanwhile
9.	put up posters	ポスターを貼る
10.	banner	垂れ幕

14

Step2 文法・構文学習 Audio ▶ 002

本文に出てくる文法や構文のツボを押さえましょう。

Is it possible to get another 80 copies for the afternoon seminar tomorrow just in case?
万が一に備えて明日の午後のセミナーのためにさらに80部を入手可能ですか？

❶ It is 形容詞（for 人）to...

「It is 形容詞（for 人）to...」の形で「～することは（人にとって）……です」という意味になります。

・It is possible to order some products online.
（オンラインで商品を注文することが可能です）
・It is important (for us) to do some market research.
（市場調査をすることが私たちにとって重要です）
・It is mandatory to receive a factory inspection regularly.
（定期的に工場の点検を受けることが必須です）

❷ anotherの使い方

1.「別のもの」を表す
Do you have another jacket?（ほかのジャケットはありますか？）
anotherは、an+otherがつながったものであり、数えられる名詞（jacket / pen など）の単数形に対して使えます。一方で、数えられない名詞や複数形にはotherを使い、Do you have other plans?やDo you have other information?のようになります。

2.「追加」を表す
We need to wait for another 20 minutes.（あと20分待つ必要があります）
anotherは単数形の名詞につきますが、この場合は20 minutesを1つの塊と考えます。

15

単語の意味

英単語やフレーズの日本語の意味を説明。派生語や反対語なども取り上げているので、セットで覚えてしまいましょう。

短文ピックアップ

文法・構文解説のために本文から英文を選出。本文よりも短く、英文の構造がよりわかりやすくなっている場合もあります。

重要語句

本文に出てくる重要語句を8～10個選出。

文法・構文の解説

取り上げた英文に使われている文法や構文を解説。そこから派生して、その他の頻出表現などについても言及します。

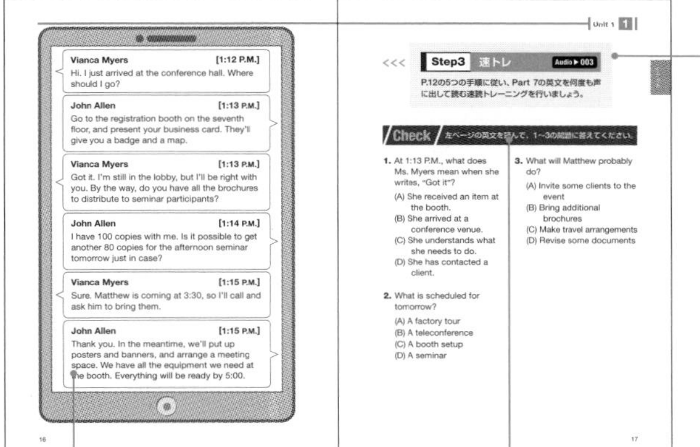

長文音声

「速トレ」用の長文音声です。Part7形式の長文を何度も声に出して読むことで、速読することができるリーディング力を身につけましょう。「速トレ」の手順はP.12をご確認ください。

本文

Part7形式の英文を掲載。チャット、Eメール·手紙、告知、広告、記事、アンケートその他、マルチプルパッセージの全7種類。

Check

Part7形式の問題を解いて理解度や現時点での実力を測りましょう。シングルパッセージは3問、マルチプルパッセージは5問で構成されています。

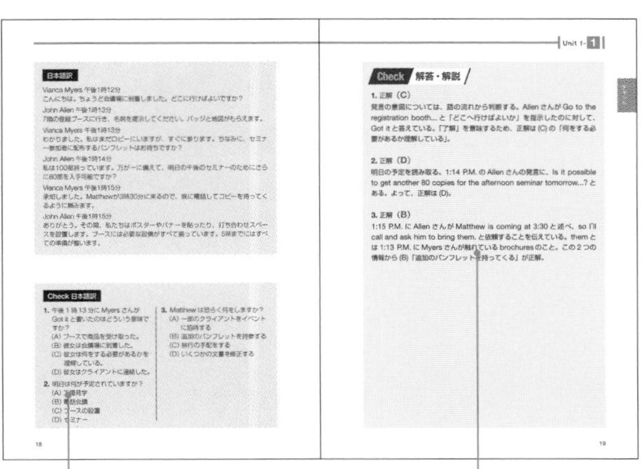

日本語訳

本文と設問の日本語訳です。「速トレ」の際にチェックして、英文の内容を理解してしまいましょう。

解答・解説

設問を読んで解答を導き出すためのロジックや、本文のどこに注目すべきかについて解説しています。

音声を聞くには？

［無料］音声ダウンロードの方法

簡単な登録で、音声をスマホや PC で聞くことができます。

方法1 スマホでアプリを使って聞く場合

スマートフォンをお使いの方は、下記の方法で音声をご利用ください。

❶ 下記のサイトにアクセス

最初に専用アプリ「abceed」が必要になります。右の QR コードから、iPhone または Android のダウンロードページへ移動し、ダウンロードの上、インストールしてください。

❷ アプリを起動する

アプリを起動し、アプリのホーム画面から、本書の表紙画像を選択します。見つからない場合は、画面下の「見つける」をタップし、検索ウインドウに、「時間内」と入力して検索してください。

❸ 音声を聞く

上記の方法で本書の画像を選択したら、「音声（無料）」と書かれた箇所をタップしてください。「音声・目次」というタイトルの画面が表示されます。聞きたい見出しを選択し、再生したい音声を選んでタップしてください。

※再生速度は変更できます。2 周目以降は 1.2 倍速再生で聞くのがおすすめです。

方法２ ストリーミング再生で聞く場合

面倒な手続きなしにストリーミング再生で聞くことができます。

※ストリーミング再生になりますので、通信制限などにご注意ください。
また、インターネット環境がない状況でのオフライン再生はできません。

このサイトにアクセスするだけ！

https://bit.ly/2QApM22

❶ 上記サイトにアクセス！

❷ アプリを使う場合はSoundCloudにアカウント登録（無料）

方法３ パソコンで音声をダウンロードする場合

パソコンでmp3音声をダウンロードして、スマホなどに取り込むことも可能です。（スマホなどへの取り込み方法はデバイスによって異なります。）

❶ 下記のサイトにアクセス

https://bit.ly/3aX1cjd

❷ パスワードの「sokutore」を入力する

音声はPCの一括ダウンロード用圧縮ファイル（ZIP形式）でのご提供です。
解凍してお使いください。

なぜPart 7をシャドーイングするのか？

TOEIC® L&Rテストでは、Part 7の時間配分がうまくいかずに、全問解き終えることができないという声をよく耳にします。そこで本書では、時間内に全問制覇をめざすべくPart 7とよく似た英文を、決められたスピードでシャドーイングしていく速読トレーニング(以下、「速トレ」)を実践していきます。

多くのTOEIC® L&Rテスト受験者はリーディングセクションを時間内に解き終わりません。理由は文法・語彙問題のセクションであるPart 5/6に時間を使いすぎていることもありますが、Part 7の文書を読むスピードが不足していることも一因です。速く読むことができれば、それだけ問題解答に時間をかけられます。そこで、十分なスピードで読めるスキルを身につける必要があります。

十分なスピードとはどのくらいでしょうか。リーディングセクションを時間内に終わらせるためには、150 wpm (1分間に150ワード)以上のスピードが必要だと言われています。このスピードで理解するためには、一文を分解して戻り読みしたり、きれいな日本語に訳しながら読んだりする時間はありません。つまり、英語を英語のまま理解する力が求められます。

速く読むための方法はいくつかあります。例えば、頭の中で音声化せずに読み進めること。音声化しないことで、目が文字を認識するスピードで理解できるため、かなりの速さで読むことができます。しかし、日本語であっても頭の中で音声化しながら読む人は多くいます。それでも速く読めます。これは、頭の中で「速い音読」ができるからです。英語ノンネイティブである私たちがまず身につけるべきスキルはこの「速い音読」です。声を出して読むスピードが速くなれば、黙読のスピードも速くなるのです。徐々に、初めて読む素材でもスピードを落とさずに読めるようになります。

そこで、本書では、150～180wpm で読まれる音声を使って段階的にトレーニングします。そのゴールがシャドーイングです。「リーディングなのにシャドーイング？」という疑問が浮かんだかもしれません。「はい、リーディングなのにシャドーイング」なのです。理由はもちろん、効果があるからです。例えば、音声化して頭に入れておけば、同じ表現や構文が出てきたときにスムーズに読めるようになります。日本語でも「お世話になっております」、「～の件でメールをしております」、「よろしくお願いいたします」のようによく使う表現は一瞬で理解することができます。音声が頭に入ることによって、英語でも同じように一瞬で理解できるようになるのです。

なお、速く読めるようになるには、意味がわかるものから練習することが効果的です。そのため、準備運動として単語やフレーズの理解（Step 1）、文法や構文の理解（Step 2）から始めます。また、各Unitは「チャット、Eメール・手紙、告知……」など文書のタイプ別に分かれています。段階的なトレーニングですから、確実に読むスピードが速くなります。それでは、トレーニングを始めましょう！

「速トレ」の手順

本書では Step 1 の「語句学習」、Step 2 の「文法・構文学習」を経て、Step 3 ではシャドーイングなどを使って英文を声に出して何度も読む速読トレーニング（速トレ）を行います。このとき、下記の 5 つの手順に沿ってチャレンジしてみてください。

手順1 意味のチェック

本文の英語をざっと読んで、知らない単語に下線を引く。また日本語訳を読んで内容を確認する

手順2 聞き読み

英語の音声を聞きながら、本文を目で追いかける

手順3 シンクロ・リーディング

英語の音声を聞きながら、本文を目で追い、同時に声に出して読む。「オーバーラッピング」とも言います

手順4 シャドーイング

本文を見ずに、英語の音声を聞き、音声を追いかけるように声に出してみる。目標は3回

手順5 黙読

黙読で本文を読み、何秒で読めるかを計ってみる

＿＿＿＿＿＿＿ 秒

Check

力試しとして、TOEIC形式の問題を解く

Unit 1

チャット

Unit 1- 1

Step1 語句学習 Audio ▶ 001

本文に出てくる重要語句の音声を聞いてリピートしましょう。

1.	registration	登録 動 register（登録する）
2.	present	提示する =show
3.	right	すぐに／ I'll be right there.（すぐに行きます）、I'll be right back.（すぐに戻ります）
4.	brochure	パンフレット =pamphlet（パンフレット）、flyer（ちらし）
5.	distribute	配布する =pass out（配る） 名 distribution（配布）
6.	participant	参加者 動 participate（参加する） 名 participation（参加）
7.	copy	（雑誌や本など）1 部
8.	in the meantime	その間に = meanwhile
9.	put up posters	ポスターを貼る
10.	banner	垂れ幕

Step2 文法・構文学習

Audio ▶ 002

本文に出てくる文法や構文のツボを押さえましょう。

Is it possible to get **another** 80 copies for the afternoon seminar tomorrow just in case?
万が一に備えて明日の午後のセミナーのためにさらに 80 部を入手可能ですか？

❶ It is 形容詞（for 人）to...

「It is 形容詞（for 人）to...」の形で「～することは（人にとって）……です」という意味になります。

- It is possible to **order some products online.**
（オンラインで商品を注文することが可能です）
- It is important (for us) to **do some market research.**
（市場調査をすることが私たちにとって重要です）
- It is mandatory to **receive a factory inspection regularly.**
（定期的に工場の点検を受けることが必須です）

❷ anotherの使い方

1.「別のもの」を表す

Do you have another **jacket?**（ほかのジャケットはありますか？）

anotherは、an+otherがつながったものであり、数えられる名詞（jacket / pen など）の単数形に対して使えます。一方で、数えられない名詞や複数形にはotherを使い、Do you have other plans?やDo you have other information?のようになります。

2.「追加」を表す

We need to wait for another **20 minutes.**（あと20分待つ必要があります）

anotherは単数形の名詞につきますが、この場合は20 minutesを1つの塊と考えます。

Vianca Myers **[1:12 P.M.]**
Hi. I just arrived at the conference hall. Where should I go?

John Allen **[1:13 P.M.]**
Go to the registration booth on the seventh floor, and present your business card. They'll give you a badge and a map.

Vianca Myers **[1:13 P.M.]**
Got it. I'm still in the lobby, but I'll be right with you. By the way, do you have all the brochures to distribute to seminar participants?

John Allen **[1:14 P.M.]**
I have 100 copies with me. Is it possible to get another 80 copies for the afternoon seminar tomorrow just in case?

Vianca Myers **[1:15 P.M.]**
Sure. Matthew is coming at 3:30, so I'll call and ask him to bring them.

John Allen **[1:15 P.M.]**
Thank you. In the meantime, we'll put up posters and banners, and arrange a meeting space. We have all the equipment we need at the booth. Everything will be ready by 5:00.

<<<

Step3 速トレ Audio ▶ 003

P.12の5つの手順に従い、Part 7の英文を何度も声に出して読む速読トレーニングを行いましょう。

Check 左ページの英文を読んで、1〜3の問題に答えてください。

1. At 1:13 P.M., what does Ms. Myers mean when she writes, "Got it"?

(A) She received an item at the booth.
(B) She arrived at a conference venue.
(C) She understands what she needs to do.
(D) She has contacted a client.

2. What is scheduled for tomorrow?

(A) A factory tour
(B) A teleconference
(C) A booth setup
(D) A seminar

3. What will Matthew probably do?

(A) Invite some clients to the event
(B) Bring additional brochures
(C) Make travel arrangements
(D) Revise some documents

日本語訳

Vianca Myers 午後1時12分
こんにちは。ちょうど会議場に到着しました。どこに行けばよいですか？

John Allen 午後1時13分
7階の登録ブースに行き、名刺を提示してください。バッジと地図がもらえます。

Vianca Myers 午後1時13分
わかりました。私はまだロビーにいますが、すぐに参ります。ちなみに、セミナー参加者に配布するパンフレットはお持ちですか？

John Allen 午後1時14分
私は100部持っています。万が一に備えて、明日の午後のセミナーのためにさらに80部を入手可能ですか？

Vianca Myers 午後1時15分
承知しました。Matthewが3時30分に来るので、彼に電話してコピーを持ってくるように頼みます。

John Allen 午後1時15分
ありがとう。その間、私たちはポスターやバナーを貼ったり、打ち合わせスペースを設置します。ブースには必要な設備がすべて揃っています。5時までにはすべての準備が整います。

Check 日本語訳

1. 午後 1 時 13 分に Myers さんが Got it と書いたのはどういう意味ですか？
(A) ブースで商品を受け取った。
(B) 彼女は会議場に到着した。
(C) 彼女は何をする必要があるかを理解している。
(D) 彼女はクライアントに連絡した。

2. 明日は何が予定されていますか？
(A) 工場見学
(B) 電話会議
(C) ブースの設置
(D) セミナー

3. Matthew は恐らく何をしますか？
(A) 一部のクライアントをイベントに招待する
(B) 追加のパンフレットを持参する
(C) 旅行の手配をする
(D) いくつかの文書を修正する

Check 解答・解説

1. 正解 **(C)**

発言の意図については、話の流れから判断する。Allen さんが Go to the registration booth... と「どこへ行けばよいか」を指示したのに対して、Got it と答えている。「了解」を意味するため、正解は (C) の「何をする必要があるか理解している」。

2. 正解 **(D)**

明日の予定を読み取る。1:14 P.M. の Allen さんの発言に、Is it possible to get another 80 copies for the afternoon seminar tomorrow...? とある。よって、正解は (D)。

3. 正解 **(B)**

1:15 P.M. に Allen さんが Matthew is coming at 3:30 と述べ、so I'll call and ask him to bring them. と依頼することを伝えている。them とは 1:13 P.M. に Myers さんが触れている brochures のこと。この 2 つの情報から (B)「追加のパンフレットを持ってくる」が正解。

Unit 1-2

Step1 語句学習

Audio ▶ 004

本文に出てくる重要語句の音声を聞いてリピートしましょう。

1.	be missing	(あるべきものが) 見当たらない
2.	brick	レンガ
3.	confirm	確認する 名 confirmation (確認)
4.	construction site	建設現場、工事現場
5.	be low on...	～が足りない = not enough
6.	right away	すぐに = immediately
7.	get back to you	あなたに折り返し連絡する
8.	warehouse	倉庫
9.	at the moment	現在 =now
10.	avoid delay	遅延を避ける

Step2 文法・構文学習 Audio ▶ 005

本文に出てくる文法や構文のツボを押さえましょう。

❶They don't **have** any trucks **available** at their warehouse at the moment.
現在、倉庫には利用可能なトラックが１台もありません。

❷Could you confirm the order list to **see if** everything is correct?
注文表を確認して、すべてが正しいかどうかを確認できますか？

❶ have モノ available（～に空きがある）

have モノ available（～に空きがある、～が残っている）

- have **hotel rooms** available（ホテルの部屋に空きがある）
- have **tickets** available（チケットが残っている）
- have **some positions** available **at the company**
（会社の職に空きがある）

❷ 確認内容を伝える表現

...to see if / wh節（疑問詞節）～（～かどうかを確認するために……する）

- check **the Web site to see** if **you are interested in our service**
（当社のサービスに興味があるかどうかを確認するためにWebサイトをチェックする）
- check **the Web site to see** how **we can support you**
（どのようにあなたをサポートできるかを確認するためにWebサイトをチェックする）

Josh White **[10:19 A.M.]**
Hi, Paula and Greg. We seem to be missing some of the bricks we ordered. Could you confirm the order list to see if everything is correct?

Paula Adams **[10:23 A.M.]**
The order list looks right. Could you tell me exactly what is missing?

Josh White **[10:33 A.M.]**
I've just counted all of the bricks that arrived here at the construction site this morning. We are low on brown and grey bricks. We need 50 more of each right away. We also have some bricks that we didn't order.

Greg Wilson **[10:34 A.M.]**
I'll check with the supplier right away. Josh, how soon do you need the bricks?

Josh White **[10:34 A.M.]**
Within the next two hours, if possible.

Greg Wilson **[10:34 A.M.]**
OK. I'll get back to you after I talk with them.

Greg Wilson **[10:40 A.M.]**
Unfortunately, they say the bricks won't arrive until the late afternoon. They don't have any trucks available at their warehouse at the moment.

Josh White **[10: 42 A.M.]**
That's fine. I'll start working on something else to avoid any delay.

<<< Step3 速トレ Audio ▶ 006

P.12の5つの手順に従い、Part 7の英文を何度も声に出して読む速読トレーニングを行いましょう。

Check 左ページの英文を読んで、1〜3の問題に答えてください。

1. What is indicated in the text message?

(A) An order was mistakenly placed.
(B) The project is behind schedule.
(C) A list of items is missing.
(D) Some materials were incorrectly sent.

2. Where most likely is Mr. White?

(A) At a supplier's office
(B) At a construction site
(C) At home
(D) At a warehouse

3. At 10:42 A.M., what does Mr. White mean when he writes, "That's fine"?

(A) He has an alternative idea.
(B) He is happy about the decision.
(C) He can drive to the site by himself.
(D) He has accepted a request.

日本語訳

Josh White　午前10時19分
こんにちは、PaulaとGreg。注文したレンガの一部が不足しているようです。注文リストを確認して、すべて正しいかどうかを確認してもらえますか？

Paula Adams　午前10時23分
注文リストは正しいようです。何が足りないのか正確に教えていただけますか？

Josh White　午前10時33分
今朝ここの建設現場に到着したレンガをすべて数えました。茶色と灰色のレンガが不足しています。それぞれ50個がすぐに必要です。注文しなかったレンガもいくつかあります。

Paula Wilson　午前10時34分
すぐに供給先に確認します。Joshさん、どれくらい早くレンガが必要ですか？

Josh White　午前10時34分
できれば2時間以内にお願いします。

Greg Wilson　午前10時34分
OK。供給先と話した後、あなたに折り返します。

Greg Wilson　午前10時40分
残念ながら、レンガは午後遅くまで到着しないそうです。現在、倉庫には利用可能なトラックが1台もありませんから。

Josh White　午前10時42分
それで構いません。遅延を避けるために、他の作業を開始します。

Check 日本語訳

1. テキストメッセージには何が示されていますか？
(A) 誤って注文された。
(B) プロジェクトが予定より遅れている。
(C) アイテムのリストがない。
(D) 一部の資料が誤って送信された。

2. White さんはどこにいる可能性が高いですか？
(A) 供給先のオフィス
(B) 建設現場
(C) 自宅
(D) 倉庫

3. 午前 10 時 42 分に White さんが That's fine と書いたのはどういう意味ですか？
(A) 彼は別の考えを持っている。
(B) 彼はその決定に満足している。
(C) 彼は自分でその場所に車で行くことができる。
(D) 彼は要求を受け入れた。

Check 解答・解説

1. 正解 **(D)**

本文の内容と選択肢を照合する。注文した bricks（レンガ）が足りないから注文リストを確認してほしいというやり取りの後、10:33 A.M. に White さんが We also have some bricks that we didn't order. と注文していないレンガが届いていることを伝えている。これを示している (D)「いくつかの資材が間違えて送られた」が正解。

2. 正解 **(B)**

10:33 A.M. に White さんの発言に I've just counted all of the bricks that arrived here at the construction site... とある。here at the construction site と場所を伝えており、正解は (B)。

3. 正解 **(A)**

話の展開を追うと、10:40 A.M. に Wilson さんが Unfortunately, they say the bricks won't arrive until the late afternoon. と、レンガは午後遅くにならないと届かないことを伝えている。これに対して、White さんは That's fine.（大丈夫です）と受け入れたうえで、I'll start working on something else to avoid any delay. と別の作業に取り掛かることを述べている。別の作業に取り掛かることを alternative idea（代案）と言い換えている (A) が正解。

Unit 1-3

Step1 語句学習 Audio ▶ 007

本文に出てくる重要語句の音声を聞いてリピートしましょう。

1.	automatically	自動的に [形] automatic（自動の）
2.	issue	問題、課題 =problem
3.	tracking system	（宅配便や郵便などにある） 追跡システム
4.	identify	特定する [名] identification（ID、身分証明）
5.	properly	適切に work properly（適切に作動する）
6.	order status	注文状況 status of shipment（発送状況）
7.	resolve	解決する = solve
8.	cancellation	キャンセル [動] cancel（キャンセルする）
9.	manually	手動で [形] manual（手動の）
10.	make sure	確認する

Step2 文法・構文学習

Audio ▶ 008

本文に出てくる文法や構文のツボを押さえましょう。

❶ It seems there is an **issue** with the tracking system.
追跡システムに問題があるようです。

❷ Please send confirmation e-mails manually **so that** clients can make sure that their order has been processed.
クライアントが注文が受理されたことを確認できるように、確認メールを手動で送信してください。

❶ 問題を示す表現

- I have a problem with **my smartphone.**
（スマホに問題があります）
- Something is wrong with **my smartphone.**
（スマホに問題があります）
- I'm having trouble **finding a file.**
（ファイルを見つけるのに手間取っています）
- There is an issue with **this report.**
（このレポートに問題があります）
- **There is a mechanical** malfunction**.**
（機械の故障が発生しています）

❷ so that の使い方

so that S can V（SがVできるように）

- **Please register early** so that **we** can **secure your seat.**
（お席を確保できるように、早めにお申し込みください）
- **I bought this book** so that **I** can **practice reading.**
（リーディングの練習ができるように、私はこの本を買いました）

Satoko Hoshino **[9:49 A.M.]**
We've received some phone calls from clients that they haven't received order confirmation e-mails after completing orders. The e-mails don't seem to be going out automatically. Does anyone know what's happening?

Jack Charles **[9:53 A.M.]**
Thank you for bringing this to our attention. It seems there is an issue with the tracking system. We'll identify the cause of the problem, but it is most likely a result of our system upgrades.

Deborah Styles **[9:54 A.M.]**
It could be. I received an e-mail from Mines Realtor asking to confirm their copy paper and files. All orders have been processed properly. Why don't we put a notice on our Web site stating that the clients can check their order status by accessing their account? It should be kept until the issue has been resolved.

Satoko Hoshino **[9:55 A.M.]**
That's a good idea. Just to confirm, order cancellations or changes can be processed in the usual way, right?

Jack Charles **[9:58 A.M.]**
No problem at all. Deborah, wouldn't it be better to send confirmation e-mails manually so that clients can make sure that their order has been processed?

Deborah Styles **[10:00 A.M.]**
Exactly. I'll ask Bill to take care of what we discussed here right away.

<<< **Step3** 速トレ Audio ▶ 009

P.12の5つの手順に従い、Part 7の英文を何度も声に出して読む速読トレーニングを行いましょう。

Check 左ページの英文を読んで、1～3の問題に答えてください。

1. What is suggested about the company the writers work for?

(A) It plans to merge with another company.
(B) It has been doing business internationally.
(C) It has recently updated an order system.
(D) It has trouble placing bulk orders.

2. What does Ms. Styles suggest?

(A) Updating the company Web site
(B) Providing information to clients
(C) Requesting technical support
(D) Stopping procedures temporarily

3. At 9:58 A.M., what does Mr. Charles mean when he writes, "No problem at all"?

(A) An issue has been fixed.
(B) Mines Realtor will receive their orders.
(C) Some functions are working properly.
(D) Clients have already been notified.

日本語訳

Satoko Hoshino：午前9時49分
顧客から注文完了後に注文確認メールが届かないという電話がありました。Eメールが自動的に送信されていないようです。何が起こっているのか誰かわかりますか？

Jack Charles：午前9時53分
知らせてくれて、ありがとう。追跡システムに問題があるようです。問題の原因を特定しますが、システムのアップグレードが原因である可能性が高いです。

Deborah Styles：午前9時54分
あり得ますね。Mines不動産から、コピー用紙とファイルを確認するようにというEメールを受け取りました。すべての注文は適切に処理されています。顧客が自分のアカウントにアクセスして注文状況が確認できることをWebサイトで告知しませんか？　問題が解決するまでそうする必要があります。

Satoko Hoshino：午前9時55分
それは良い考えです。確認のためだけで、注文のキャンセルや変更については通常の方法で処理できますよね？

Jack Charles：午前9時58分
まったく問題ありません。Deborah、顧客が注文が受理されたと確認できるように、確認メールを手動で送信するほうがよいのではないでしょうか。

Deborah Styles：午前10時
その通りですね。ここで話し合ったことをすぐに処理するようにBillに依頼します。

Check 日本語訳

1. 書き手が働いている会社について何が示唆されていますか？
(A) 他社との合併を予定している。
(B) 国際的に事業を行っている。
(C) 最近注文システムを更新した。
(D) 一括注文に問題がある。

2. Styles さんは何を提案していますか？
(A) 会社の Web サイトの更新
(B) クライアントへの情報提供
(C) 技術サポートのリクエスト
(D) 手順を一時的に停止する

3. Charles さんが No problem at all と書いたのはどういう意味ですか？
(A) 問題が修正された。
(B) Mines 不動産が注文を受け取るだろう。
(C) 一部の機能は正常に動作している。
(D) クライアントにはすでに通知されている。

Check 解答・解説

1. 正解 **(C)**

書き手が勤務する会社について読み取る。確認メールが届かないという問題の原因について、9:53 A.M. に Charles さんが it is most likely a result of our system upgrades. と予想している。システムアップグレードがあったことがわかるため、正解は (C)。

2. 正解 **(B)**

Styles さんの発言にある提案を読み取る。9:54 A.M. に Why don't we...?（～しませんか）という提案表現に続いて、put a notice on our Web site stating that the clients can check their order status... とある。これを要約している (B) が正解。

3. 正解 **(C)**

9:55 A.M. の Hoshino さんが order cancellations or changes can be processed in the usual way, right? と、注文キャンセルと変更は通常通りできることを確認しているのに対して、No problem at all（全く問題ありません）と答えている。この応答により、機能が正常に動いていることを意味しており (C) が正解。

Column 1 ビジネス文書の構造を知る

Part 7 の英文を速く読むためには、単語力が基礎になることは言うまでもありませんが、単語の知識だけで速く読めるわけではありません。単語力を土台として、2 語以上のフレーズとして理解するほか、構文や慣用表現を知ることでさらに大きな塊で瞬時に読み取れるようになります。

さらにビジネス文書の構造を理解することで内容を記憶しやすくなります。Unit 1 のチャット系の内容では、冒頭を読むことで概要をつかみ、徐々に話が展開していくことを実感できたと思います。ビジネス文書も基本的には同様です。ビジネス文書の代表であるメールの場合、件名（Subject または Re［= Regarding］）を読むことで、全体像をつかめることが多くあります。

ビジネス文書には 2 つのパターンがあります。1 つは注文確認、お知らせ、定期メンテナンスなど「**情報伝達**」を行うパターンです。この場合、第一段落に全体の目的・概要が書かれています。最初に目的・概要が提示され、徐々に細かな詳細が述べられていきます。目的・概要をつかむことができると、その先は推測しながら読めるようになります。

もう 1 つのパターンは「**依頼・苦情**」などを伝える場合です。このパターンではいきなり依頼や苦情を言うことはありません。まず第 1 段落では状況説明があり、その後で何かを頼んだり、返金を要求したりといった目的へ入ります。

これらの流れを意識してたくさんの文書にふれることで、構造に沿った読み方を身につけることができます。

Unit 2

Eメール・手紙

Unit 2- 1

Step1 語句学習

Audio ▶ 010

本文に出てくる重要語句の音声を聞いてリピートしましょう。

1.	in regard to...	～に関して = about、regarding
2.	previous	前の ↔ following（次の）
3.	incorrect information	誤った情報 incorrect ↔ correct
4.	attached is...	添付されているのは～です
5.	itinerary	旅程表 = travel schedule
6.	business district	商業地区 district = area
7.	within walking distance	徒歩圏内で
8.	make up for...	～を埋め合わせる、償う =compensate for...
9.	feel free to...	遠慮なく～する = do not hesitate to...
10.	apologize for...	～について謝罪する = be sorry for...

Step2 文法・構文学習

Audio ▶ 011

本文に出てくる文法や構文について押さえておきましょう。

❶**I am writing** in regard to the problem you mentioned in your previous e-mail.
あなたが以前のEメールでふれていた問題に関して書いております。

❷**Attached is** your updated itinerary.
添付されているのは最新の日程表です。

❸**Upon your arrival**, you will receive a meal voucher.
到着時に、あなたは食事券を受け取ることができます。

❶ 目的の伝え方

Eメールや手紙では、冒頭に目的をはっきりと書くことがあります。

- I am writing in **regard to your letter.**（手紙に関して書いております）
- I am writing in **response to your e-mail.**（Eメールのお返事として書いております）

❷ 添付／同封を表す表現

- メールの場合：**Attached is...**（添付されているのは～です）
- 手紙の場合：**Enclosed is...**（同封されているのは～です）

英語は主語が長くなるのを嫌うため、～is attached / enclosedが倒置された表現。

- Attached is **our latest brochure.**（添付されているのは、最新のパンフレットです）
- Enclosed is **your invoice.**（同封されているのは、請求書です）

❸ 時を表す前置詞upon

uponという前置詞は「～の時に、～次第」という意味を表します。

- **Upon your arrival**（到着時に）
- **Upon your request**（リクエストがあり次第）
- **Upon completion**（完成時に）

To:	m.bradshaw@leaderspro.com
From:	richard.thompson@mercurytravel.com
Date:	May 7
Subject:	Your business trip

Dear Mr. Bradshaw,

I am writing in regard to the problem you mentioned in your previous e-mail. I am sorry for the incorrect information about your upcoming business trip to Singapore from June 3 to 10.

Attached is your updated itinerary. We have changed your reservation from Quest Business Hotel to Grand Nikes Hotel. It has a free shuttle bus service to and from the airport, and is located in the heart of the business district. Also, there is a large shopping center within walking distance. As you requested, a single-day trip has been added on the second day.

To make up for the error, we have upgraded your room at no extra charge. Upon your arrival, you will receive a meal voucher. You can use the fitness room at any time during your stay. If you have any questions, please feel free to contact me either by e-mail or by phone at 555-2110.

Once again, I apologize for any inconvenience this may have caused you.

Richard Thompson
Mercury Travel Corporation

<<< Step3 速トレ Audio ▶ 012

P.12の5つの手順に従い、Part 7の英文を何度も声に出して読む速読トレーニングを行いましょう。

Check 左ページの英文を読んで、1～3の問題に答えてください。

1. What is the purpose of the e-mail?

(A) To apologize for incorrect charges
(B) To advertise a tour package
(C) To provide details about a trip
(D) To estimate travel expenses

2. What is NOT suggested in the e-mail?

(A) Mr. Bradshaw has stayed in Singapore before.
(B) A hotel reservation has been changed.
(C) The exercise facility is available all day long.
(D) A shopping center is located near Mr. Bradshaw's hotel.

3. When will the Mr. Bradshaw go on a single-day trip?

(A) On May 7
(B) On June 3
(C) On June 4
(D) On June 10

日本語訳

宛先：m.bradshaw@leaderspro.com
送信者：richard.thompson@mercurytravel.com
日付：5月7日
件名：お客様の出張

Bradshaw様

以前のメールで述べられていた問題について書いています。6月3日から10日のお客様のシンガポール出張に関する誤った情報の件は申し訳ありませんでした。

同封しているのは最新の旅程表です。予約をQuest Businessホテルから、Grand Nikesホテルへと変更しました。空港まで往復する無料のシャトルバスサービスがあり、ホテルの場所は商業地区の中心地にあります。また、大きなショッピングセンターが徒歩圏内にあります。ご要望にあったように、2日目に日帰り旅行を追加しました。

誤りを埋め合わせるため、追加料金なしで部屋をアップグレードさせていただきました。到着時に食事券を受け取ることができます。滞在中は、いつでもフィットネスルームをお使いいただけます。ご質問がありましたら、メールをいただくか、555-2110までお電話ください。

改めまして今回ご迷惑をおかけしたことを謝罪します。

Richard Thompson
Mercury旅行会社

Check 日本語訳

1. Eメールの目的は何ですか？
(A) 誤った請求についてお詫びする
(B) パッケージツアーを宣伝する
(C) 旅行の詳細を提供する
(D) 旅費を見積もる

2. Eメール示唆されていないものは何ですか？
(A) Bradshaw 氏は以前シンガポールに滞在したことがある。
(B) ホテルの予約が変更された。
(C) 運動施設は終日利用できる。
(D) Bradshaw 氏のホテルの近くにショッピングセンターがある。

3. Bradshaw 氏はいつ日帰り旅行に行きますか？
(A) 5月7日
(B) 6月3日
(C) 6月4日
(D) 6月10日

Check 解答・解説

1. 正解 **(C)**

目的は冒頭または全体の流れから判断する。冒頭で謝罪をしたうえで、出張先のホテルやツアー内容を伝えている。出張に関する詳細情報と考えられるため、正解は (C)。選択肢がすべて出張・旅行関係であるうえに、本文の全体の流れから判断する必要があるため、やや難易度が高い。

2. 正解 **(A)**

メールに書かれていないことが問われている。(B) の予約の変更は We have changed your reservation... で、(C) の運動施設については、You can use the fitness room at any time during your stay. とある。さらに (D) のショッピングセンターが近くにあることは there is a large shopping center within walking distance. と書かれている。残った (A) が正解。シンガポールの滞在経験については書かれていない。

3. 正解 **(C)**

single-day trip（日帰り旅行）については、第 2 段落の最後に a single-day trip has been added on the second day.（2 日目に追加した）とある。第 1 段落にある滞在期間 June 3 to 10 から判断すると、June 3 が初日であり、2 日目は (C) の June 4。

Unit 2- 2

Step1 語句学習

Audio ▶ 013

本文に出てくる重要語句の音声を聞いてリピートしましょう。

1.	with regard to...	～に関して = in regard to...
2.	live up to one's reputation	評判に沿う reputation（評判）
3.	newly appointed	新たに任命された
4.	reduce expenses	費用を削減する 名 reduction（削減）
5.	a third	3 分の 1 3 分の 2 は two thirds
6.	given this situation...	この状況を考慮すると～
7.	priority	優先
8.	profitable	利益の出る 名 profit（利益）
9.	tidy	整頓された = neat
10.	intermittently	ときどき = occasionally、sometimes

Step2 文法・構文学習

Audio ▶ 014

本文に出てくる文法や構文のツボを押さえましょう。

❶ We **were satisfied with** your services.
御社のサービスに満足していました。

❷ We would like to use your service periodically to **keep** our office **clean and tidy**.
私たちは御社のサービスを定期的に利用して、私たちのオフィスを清潔に保ちたいと思います。

❶ 感情を表す表現

主語が何かを感じている場合、受動態となる場合が多くあります。理由は動詞が「～させる」という意味のため、感情を抱く側は「～させられている」からです。
例：satisfy（満足させる）、disappoint（がっかりさせる）、excite（ワクワクさせる）

- **We** are satisfied with **your service.**
（私たちはあなたのサービスに満足しています）
- **We** are disappointed with **the results.**
（私たちは結果にがっかりしています）
- **We** are excited about **the news.**
（私たちはその知らせにワクワクしています）
- **We** were impressed with / by **the movie.**
（私たちはその映画に感動しました）

❷ 状態を示すkeepの使い方

keepは「～の状態を維持する」という使い方をするとき、keep＋目的語＋形容詞の語順となります。

- keep **the cost** low（コストを低く維持する）
- keep **the room** clean（部屋をきれいなままにする）
- keep **the door** closed（ドアを閉めたままにする）

To: Zephyr Services
From: Emily Stanton
Date: October 22
Re: Contract

To whom it may concern:

I am writing with regard to your letter dated October 20. We are sorry to have to tell you that we will not be renewing the yearly contract with Zephyr Services. Your services have lived up to their reputation, and we were satisfied with them. However, the board of directors, led by our newly appointed CEO, has decided to reduce expenses by almost a third over a one-year period. Given this situation, our top priority will be to enhance work efficiency and cut down on costs that have not been concentrated on profitable activities.

Even so, we would like to use your service periodically to keep our office clean and tidy. I know a yearly contract is more cost efficient, but we will select a one-time contract intermittently in order to keep the cost as low as possible. Once again, thank you very much for your business.

Beardom Systems
Emily Stanton

<<<

Step3 速トレ Audio ▶ 015

P.12の5つの手順に従い、Part 7の英文を何度も声に出して読む速読トレーニングを行いましょう。

Check 左ページの英文を読んで、1〜3の問題に答えてください。

1. What is the purpose of the e-mail?

(A) To extend a contract
(B) To complain about a service
(C) To explain about a strategic change
(D) To provide details about an expansion

2. What service does Zephyr Services provide?

(A) Data management
(B) Office cleaning
(C) Cost cutting
(D) Document translation

3. According to the e-mail, what will happen in the future?

(A) Beardom Systems will be relocated.
(B) Zephyr Services will introduce a new service.
(C) Zephyr Services will do business internationally.
(D) Beardom Systems will choose a different option.

日本語訳

宛先：Zephyr Services
送信者：Emily Stanton
日付：10月22日
件名：ご連絡

ご担当者様：

10月20日付の御社の手紙に関して書いています。残念ですが、Zephyr Servicesとの年間契約を更新しないことをお知らせしなくてはなりません。御社のサービスは評判に沿うもので、弊社は満足していました。しかし、新たに任命された私たちのCEOが率いる取締役会が、1年にわたり3分の1程度の費用削減を決定しました。この状況を考慮し、最優先事項は作業効率を高めることであり、利益の出る活動に集中していないコストは削減されます。

とはいえ、オフィスをきれいに整頓された状態に保つために、定期的に御社のサービスを活用させていただきたいと思います。年間契約がより費用効率が良いと存じていますが、できるだけコストを低く抑えるために、時々の1回契約を選択します。改めて、サービスを提供していただきありがとうございました。

Beardom Systems
Emily Stanton

Check 日本語訳

1. Eメールの目的は何ですか？
(A) 契約を延長する
(B) サービスについて不平を言うこと
(C) 戦略的変更について説明すること
(D) 延長に関する詳細を提供すること

2. Zephyr Servicesはどのようなサービスを提供していますか？
(A) データ管理
(B) オフィスの清掃
(C) コスト削減
(D) ドキュメントの翻訳

3. Eメールによると、将来は何が起こりますか？
(A) Beardom Systemsが移転される。
(B) Zephyr Servicesが新しいサービスを導入する。
(C) Zephyr Servicesが国際的な事業を行う。
(D) Beardom Systemsは別の選択肢を取る。

Check 解答・解説

1. 正解（C）

冒頭で「年間契約更新をしないこと」を伝えたうえで、その理由を提示している。サービスには満足していたと述べた後、However 以降で取締役会で決定された「費用削減」が理由であることを伝えている。これを言い換えているのは (C) の「戦略の変更を伝えるため」である。

2. 正解（B）

Zephyr Services とは 3 行目に書かれている相手の会社名である。第 2 段落に「定期的にサービスを使いたい」とあり、続けて to keep our office clean and tidy と書かれている。この「定期的にオフィスをきれいに整頓された状態に保つこと」がサービスの内容であるため、正解は (B)。

3. 正解（D）

未来の話を読み取る。第 2 段落に I know a yearly contract is more cost efficient（年間契約のほうが費用効率が良いと知っている）との前置きのあと、but we will select a one-time contract... と 1 回ずつの契約を選ぶことを伝えている。今までとは別の契約となるため、このメールを出している Stanton さんが勤務する会社が「別の選択肢を選ぶ」と言い換えている (D) が正解。

Unit 2- 3

Step1 語句学習

Audio ▶ 016

本文に出てくる重要語句の音声を聞いてリピートしましょう。

1.	submit	提出する 名 submission（提出）
2.	domestic economy	国内経済⟷ foreign economy（外国の経済）、world economy（世界経済）
3.	inaugural issue	創刊号 inaugural=beginning
4.	attached you will find...	添付されているのは～です
5.	insight	洞察
6.	related to...	～と関連がある
7.	particularly	特に =especially
8.	attract	引きつける 名 attraction（魅力）
9.	in its entirety	全体 形 entire（全体の）
10.	otherwise	さもなければ 接続詞の or と似た使い方

Step2 文法・構文学習

Audio ▶ 017

本文に出てくる文法や構文のツボを押さえましょう。

❶ **Attached** you will find our feedback on your article.
添付されているのは、あなたの記事へのフィードバックです。

❷ **Otherwise**, we won't be able to publish your article.
そうでないと、あなたの記事を公開することができません。

❶ 添付ファイルがあることを示す表現

・Attached **is the agenda for the meeting scheduled for next Monday.**
（添付されているのは来週の月曜日に予定されている会議の議題です）

・Attached **you will find our latest brochure.**
（添付された、最新のパンフレットをご覧いただけます）

・Attached **please find a revised invoice.**
（添付された修正された請求書をご確認ください）

なお、手紙の場合で同封されているものがあることを示す場合は、Enclosed is... / Enclosed you will find... / Enclosed please find...といった表現が使われます。

❷ Otherwiseの2つの使い方

1. 文頭に置かれる場合
「もしそうでなければ（=if not）」を意味し、前の文の内容に書かれた条件がクリアされなければOtherwiseの後の状態となることを意味します。

You need to register for this seminar in advance.
Otherwise**, you won't be able to attend it.**
（事前にセミナーに登録する必要があります。さもなければセミナーに出席できません）

2. unless（～でない限り）と一緒に使われる場合
「ほかに～でない限り」を意味します。

Our weekly meeting starts at 10:00 A.M. on Mondays
unless **you are notified** otherwise **[**unless otherwise **notified].**
（お知らせがない限り、毎週の会議は月曜日の午前10時に始まります）

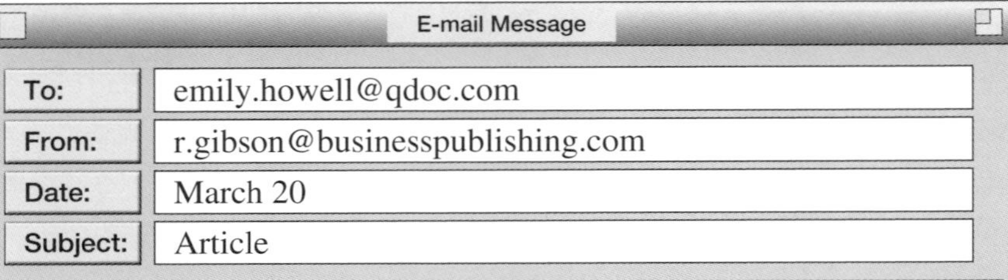

E-mail Message

To: emily.howell@qdoc.com
From: r.gibson@businesspublishing.com
Date: March 20
Subject: Article

Dear Ms. Howell,

Thank you for submitting your article on current trends in the domestic economy for our inaugural issue of the Weekly Business Trends magazine.—[1]—. Attached you will find our feedback on your article. We were all impressed with your deep insight, and the way you make a difficult topic easy-to-understand by using examples that are directly related to our daily lives.—[2] —.

However, we cannot use your article in its entirety due to a space limitation.—[3]—. Since we have two charts accompanying the article, could you reduce the word count by about 100 to 150 words so that we can fit everything on two pages? I know you are busy, but would it be possible to have your article revised by Monday morning?—[4]—. Otherwise, we won't be able to publish your article. Please let me know if you need any help.

Richard Gibson

<<<

Step3 速トレ Audio ▶ 018

P.12の5つの手順に従い、Part 7の英文を何度も声に出して読む速読トレーニングを行いましょう。

Check 左ページの英文を読んで、1～3の問題に答えてください。

1. What is the main purpose of the e-mail?

(A) To submit a magazine article
(B) To ask for some revisions
(C) To confirm a subscription renewal
(D) To select an award winner

2. What is NOT indicated about Ms. Howell's article?

(A) It is written about economy.
(B) It contains some visual aids.
(C) It will appear as a magazine series.
(D) It exceeds a word limit.

3. In which of the positions marked [1], [2], [3], and [4] does the following sentence best belong?

"Even readers who are not particularly interested in the topic would be attracted."

(A) [1]
(B) [2]
(C) [3]
(D) [4]

日本語訳

宛先：emily.howell@qdoc.com
送信者：r.gibson@businesspublishing.com
日付：3月20日
件名：記事

Howell様

Weekly Business Trends誌の創刊号向けの国内経済の現在のトレンドに関する記事をご提出いただきありがとうございました。添付されているのは、記事へのフィードバックです。深い洞察と、私たちの日常生活に直結する例を使って、難しいトピックを理解しやすくする手法に、私たち全員が感銘を受けました。トピックに特に興味を持っていない読者でさえ引きつけられると思います。

しかし、スペースの制限のために記事をすべてそのまま使うことができません。記事に2つのチャートが付くので、すべてを2ページに入れるために、字数を100～150字減らしていただけますでしょうか。お忙しいことは理解していますが、月曜日の朝までに記事を修正していただくことは可能でしょうか。そうでなければ、記事を掲載することができません。お手伝いが必要でしたら、お知らせください。

Richard Gibson

Check 日本語訳

1. Eメールの主な目的は何ですか？
(A) 雑誌記事を提出すること
(B) 修正をいくつか依頼すること
(C) 定期購読の更新を確認すること
(D) 受賞者を選ぶこと

2. Howellさんの記事について示されていないことは何ですか？
(A) 経済について書かれている。
(B) 視覚的な援助がいくつか含まれている。
(C) 雑誌連載として載る。
(D) 字数制限を超えている。

3. [1]、[2]、[3]、[4]と記載された箇所のうち、次の文が入るのにふさわしいのはどこですか？
「トピックに特に興味を持っていない読者でさえ引きつけられると思います。」
(A) [1]
(B) [2]
(C) [3]
(D) [4]

Check 解答・解説

1. 正解 **(B)**

第 1 段落では記事がいかにすばらしいかを伝えているが、選択肢には該当するものがない。第 2 段落の However 以降で、「スペースの制限のため記事全てを掲載できない」と述べた後、100 ～ 150 字減らしてほしいとリクエストしている。これを要約している (B) が正解。

2. 正解 **(C)**

Howell さんの記事について書かれていないことを選ぶ問題。記事のテーマについて、第 1 段落に on current trends in domestic economy とあり、これが (A) のこと、第 2 段落の「記事に 2 つのチャートがつく」が (B) のこと、「100 から 150 字減らしてください」が (D) のことである。「雑誌の連載として掲載される」とは書かれていないため、(C) が正解。

3. 正解 **(B)**

「トピックに興味がない読者も引きつけられる」が入る適切な個所を読み取る。第 1 段落後半に「難しいトピックを日常生活に直接関連付けた事例を使うことで、理解しやすい話になっている」とある。それが理由で「興味のない人も引きつけられる」と続くのが自然であるため、[2] に入るのが適切。

Unit 2- 4

Step1 語句学習

Audio ▶ 019

本文に出てくる重要語句の音声を聞いてリピートしましょう。

1.	This is to remind you that...	～を改めてお知らせいたします
2.	lifetime	生涯
3.	enable	～できるようにする en(～する)+able(できる)で、「できるようにする」
4.	state-of-the-art	最新の = updated
5.	plaque	歯垢。歯磨き粉の CM で聞く「プラークコントロール」は歯垢を減らすこと
6.	following	～の後 = after ←→ previous（以前の）
7.	oral care	口内のケア
8.	floss	フロス、歯間ブラシ
9.	walk-in	予約なしの患者
10.	temporary	一時的な、臨時の 副 temporarily（一時的に）

Step2 文法・構文学習 Audio ▶ 020

本文に出てくる文法や構文のツボを押さえましょう。

❶ Good dental health **enables** you to enjoy not only eating but also smiling.
歯を健康にしておくことにより食べることだけでなく、笑うことも楽しめます。

❷ We have oral care products such as mouthwash, toothpaste, toothbrushes, **and** floss.
口内洗浄液、歯磨き粉、歯ブラシ、デンタルフロスなどのオーラルケア製品を取りそろえております。

❸ **Please note that** our parking lot is currently under construction.
駐車場は現在建設中ですのでご注意ください。

❶ enable＋目的語＋to～（目的語が～できるようにする）

- enable **us to improve English**（私たちが英語を上達できるようにする）
- enable **the device to run multiple apps at the same time**
（デバイスが複数のアプリを同時に起動できるようにする）

❷ 情報を並列するときの書き方

A, B, and Cのように、最後に置く情報の前にandやorを置くことで次で最後であることが伝わります。

- **countries such as China, Korea,** and **Japan**
（中国、韓国、日本などの国）
- **Please ask me by phone, by e-mail,** or **in person.**
（電話、メールまたは直接会って尋ねてください）

❸ 留意点を伝える構文

- **Please note that...**（～にご注意ください）
- **Please be aware that...**（～にご注意ください）

Dear Mr. Robertson,

This is to remind you that it is time for your regular dental checkup. It takes a lifetime of care to keep your teeth healthy. Good dental health enables you to enjoy not only eating but also smiling. Our dental clinic has state-of-the-art equipment that will remove plaque thoroughly and discover even minor dental problems.

Following the checkup, please allow us thirty minutes to provide lessons on brushing your teeth properly and providing a healthy diet for your teeth. If you are interested, we have oral care products such as mouthwash, toothpaste, toothbrushes, and floss.

We accept walk-ins, but we highly recommend that you make an appointment. Also, please don't forget to bring your patient card. You can make an appointment by visiting www.parkersdental.com/appointment.html or by calling 555-9182.

If you plan to drive to our clinic, please note that our parking lot is currently under construction, which is expected to be completed by June 3. Please use the temporary space behind the building.

Parkers Dental Clinic

<<< **Step3** 速トレ Audio ▶ 021

P.12の5つの手順に従い、Part 7の英文を何度も声に出して読む速読トレーニングを行いましょう。

Check 左ページの英文を読んで、1～3の問題に答えてください。

1. What is suggested in the letter?

(A) Parker Dental Clinic has expanded its business.
(B) Parker Dental Clinic has an on-site nutritionist.
(C) Mr. Robertson will drive to Parkers Dental Clinic.
(D) Mr. Robertson has had a checkup at Parkers Dental Clinic before.

2. What is NOT mentioned in the letter?

(A) Patients without an appointment are accepted.
(B) Some oral care products are for sale.
(C) Some old equipment will be replaced.
(D) Appointments can be made online.

3. Why would some people go to the back of the building?

(A) To park a car
(B) To wait for a while
(C) To take a bus
(D) To buy some products

日本語訳

Robertson様

こちらは定期歯科検診の時期が来たことを改めてお伝えするものです。歯の健康を維持するには生涯にわたるケアが必要です。歯を健康にしておくことにより、食べることだけでなく、笑うことも楽しめます。私たちの歯科クリニックは最新の機器を備えており、徹底的に歯垢を取り除き、歯に関しては小さな問題でも見つけることができます。

検診の後、30分お時間をいただき、歯の適切な磨き方や健康な歯を保つための食事についてのレッスンを提供させてください。ご興味がありましたら、口内洗浄液、歯磨き粉、歯ブラシ、デンタルフロスなどのオーラルケア製品を取りそろえております。

予約なしの患者さんも受け付けていますが、予約をされることを強くお勧めします。また、診察券を忘れずにお持ちください。予約はwww.parkersdental.com/appointment.htmlで、または電話555-9182にてお取りいただけます。

クリニックに車でお越しいただく予定の方は、駐車場が現在工事中であり6月3日に完成予定なのでご注意ください。建物の後ろの臨時駐車スペースをご利用ください。

Parkersデンタルクリニック

Check 日本語訳

1. 手紙では何が示唆されていますか？

(A) Parkers デンタルクリニックは事業を拡大した。

(B) Parkers デンタルクリニックには栄養士がいる。

(C) Robertson 氏は Parkers デンタルクリニックに車で行く。

(D) Robertson 氏は以前に Parkers デンタルクリニックで検診を受けた。

2. 手紙に記載されていないことは何ですか？

(A) 予約のない患者も受け入れる。

(B) 一部のオーラルケア製品が販売されている。

(C) 一部の古い機器は交換される。

(D) オンラインで予約できる。

3. なぜ人々は建物の後ろに行くのですか？

(A) 車を駐車するため

(B) しばらく待つため

(C) バスに乗るため

(D) 製品をいくつか購入するため

Check 解答・解説

1. 正解 **(D)**

What is suggested...? は、本文に明確に書かれていないため推測する力が求められている。最初の文に This is to remind you that it is time for your regular dental checkup. とあり、remind や regular といった表現から、以前に検診を受けたことがあることが推測できる。よって、(D) が正解。(C) の車で行くかどうかについては示唆されていない。

2. 正解 **(C)**

書かれているものを消去して、書かれていないものをあぶり出そう。第 2 段落の後半に oral care products に関する内容があるため (B) は書かれている。第 3 段落の冒頭の「walk-ins を受け入れる」は、(A) のこと。第 3 段落の後半にオンラインによる予約のことにふれられており、(D) も書かれている。よって、正解は (C)。第 1 段落に state-of-the-art equipment を備えているとあるが、古い機器が交換されるわけではない。

3. 正解 **(A)**

第 4 段落に駐車場が工事中であることが書かれた後に、Please use the temporary space behind the building. と代わりにどこに駐車すればよいかが案内されている。建物の後ろに行く理由は、駐車するためであるので正解は (A)。

Unit 2- 5

Step1 語句学習 Audio ▶ 022

本文に出てくる重要語句の音声を聞いてリピートしましょう。

1.	per your request	ご要望の通りに
2.	testimonial	コメント、お客さまの声
3.	case	事例
4.	introduce	導入する
5.	maximize	最大限にする ⟷ minimize（最小限にする）
6.	morale	士気
7.	clarify	明らかにする 名 clarification（明確化） 形 clear（明らかな）
8.	be of help	役に立つ = be helpful
9.	do not hesitate to...	遠慮なく～してください
10.	suit	合わせる

Step2 文法・構文学習

Audio ▶ 023

本文に出てくる文法や構文のツボを押さえましょう。

❶ **If you have any concerns, please do not hesitate to** contact us.
気になる点がございましたら、お気軽にお問い合わせください。

❷ The provided information is **intended for** use by our consultants.
ご提供いただいた情報は、コンサルタントが使用することを目的としています。

❶ 質問に関する構文

- If you have any questions or concerns, please do not hesitate to **contact us.**
（ご不明な点やご不明な点がございましたら、お気軽にお問い合わせください）
- Should you have any questions, please feel free to **ask me.**
（ご不明な点がございましたら、お気軽にお問い合わせください）

❷ 対象を明確にする表現

- **This book is** intended for **beginners.**
（この本は初心者を対象としています）
- **This offer is** exclusively for **members.**
（このオファーは会員限定です）

E-mail Message

To:	Lisa Griffey
From:	Erica Sullivan
Date:	April 23
Re:	inquiry

Dear Ms. Griffey,

Thank you for your interest in our consulting service. Per your request, we are sending you our digital brochure, which includes a complete list of our services, testimonials from our clients, and other information for your review. Please check our client cases to see how we will introduce effective human resource management to maximize employee performance and keep morale high even in a remote work environment.

If you wish to clarify your concerns, we will provide a free consultation upon your request to give you a better idea of whether we can be of any help to your company. To do so, please fill out the online form at www.mercuryconsulting.com/freeconsultation.html. The provided information is intended for use by our consultants, and we keep your information confidential.

If you have any questions or concerns, please do not hesitate to contact us. We will do the best we can to suit your needs and budget.

Sincerely,
Erica Sullivan
Mercury Consulting

<<< **Step3** 速トレ Audio ▶ 024

P.12の5つの手順に従い、Part 7の英文を何度も声に出して読む速読トレーニングを行いましょう。

Check 左ページの英文を読んで、1～3の問題に答えてください。

1. What is the purpose of the e-mail?

(A) To respond to an inquiry
(B) To ask for feedback
(C) To introduce a new service
(D) To provide research results

2. What is suggested about Mercury Consulting?

(A) It does business internationally.
(B) It focuses on a specific industry.
(C) It has award-winning consultants.
(D) It specializes in personnel development.

3. Why might Ms. Griffey choose to fill out a form?

(A) To sign a business contract
(B) To accept a complimentary offer
(C) To register for a seminar
(D) To request the latest information

日本語訳

宛先：Lisa Griffey
送信者：Erica Sullivan
日付：4月23日
件名：お問い合わせ

Griffey様

弊社のコンサルティングサービスにご興味をお持ちいただきありがとうございます。ご要望の通りに、電子パンフレットをお送りします。その中に含まれているのは、サービスの一覧表、顧客のコメント、またその他、評価に必要な情報です。顧客の事例をご覧いただき、弊社が効果的な人材管理の導入をお手伝いすることで、どのように社員の業績を最大化し、リモートワークの環境においても社員の士気を高く維持できるかをご確認ください。

御社の問題を明確にし、私たちが御社にお役に立てるよう、より良いアイディアをご提供するために、ご要望がありましたら無料相談を提供できます。お受けいただくためには、www.mercuryconsulting.com/freeconsultation.htmlのオンラインフォームにご記入ください。提供いただいた情報はコンサルタントによる使用を目的とし、情報は機密扱いとします。

ご質問やご不安がありましたら、遠慮なくご連絡ください。御社のニーズと予算にあわせて最大限の努力をさせていただきます。

敬具

Erica Sullivan
Mercuryコンサルティング

Check 日本語訳

1. Eメールの目的は何ですか？
(A) 問い合わせに返信すること
(B) フィードバックを求めること
(C) 新しいサービスを導入すること
(D) 研究結果を提供すること

2. Mercury コンサルティングについて何が示唆されていますか？
(A) 国際的な事業を行っている。
(B) 特定の業界に焦点を当てている。
(C) 受賞歴のあるコンサルタントがいる。
(D) 人材開発を専門としている。

3. なぜ Griffey さんはフォームに記入することを選ぶのでしょうか？
(A) ビジネス契約に署名するため
(B) 無料のオファーを受け入れるため
(C) セミナーに登録するため
(D) 最新情報を要求するため

Check 解答・解説

1. 正解 **(A)**

冒頭で、興味を持ってもらったことへのお礼を述べた後、Per your request, we are sending you our digital brochure... とリクエストに応じてパンフレットを送っていることを伝えている。これを要約している正解は (A) の「問い合わせに返信する」である。

2. 正解 **(D)**

Mercury Consulting とはこのメールを書いた人が働く会社である。第 1 段落の後半に how we will introduce effective human resource management とあり、その内容として maximize employee performance や keep morale high と続いている。ここから推測できるのは (D) の「人材開発を専門としている」。

3. 正解 **(B)**

Ms. Griffey はメールの受取人。第 2 段落に「問題を明確にして、私たちが役に立ちそうかどうか判断するため」という理由のもと、we will provide a free consultation と述べられている。それを受けるために please fill out the online form とあるため、正解は (B) の「無料のオファーを受けるため」。本文の free consultation が complimentary offer と言い換えられている。

Column 2 話の展開を追うために役立つ接続表現

素早く読み取りながら、ストーリーを記憶に残すために必要なのが、話の展開を追いながら読むことです。日本語で読むときも、一字一句じっくりと読むのではなく、話の展開を頭に入れているはずです。その展開を理解するのに役立つのが、接続表現を意識して読み取ることです。「しかし」とあれば話は逆転しますし、「一方で」とあれば対比がされます。「したがって」や「結果として」ときたら、前の内容を受けて、「どうするか」の情報が続きます。英語を読む際にも、話の展開を表す表現に着目してみてください。

- 話を逆転させる：However（しかし）／Nevertheless（にもかかわらず）
- 情報を追加する：Additionally（さらに）／In addition（さらに）／Moreover（さらに）／Furthermore（さらに）
- 結論を述べる：Therefore（それゆえ）／As a result（結果として）／Consequently（結果として）／Accordingly（その結果）
- 対比する：On the other hand（その一方で）／Meanwhile（一方で）
- 類似を示す：Similarly（同様に）／Likewise（同様に）
- ネガティブなことを伝える：Unortunately（残念ながら）
- 代案を伝える：Alternatively（もしくは）
- 条件を伝える：Otherwise（さもなければ）

Unit 3

告知

Unit 3- 1

Step1 語句学習 Audio ▶ 025

本文に出てくる重要語句の音声を聞いてリピートしましょう。

1.	install	導入する
2.	be locked automatically	自動的にカギがかかる
3.	be sure to...	必ず〜する
4.	keep track of...	〜を記録する
5.	confidential information	機密の情報
6.	handle	取り扱う =deal with...
7.	refer to...	〜を参照する =see
8.	identification badge	ID バッジ
9.	on the premises	構内で
10.	procedure	手順 =process

Step2 文法・構文学習

Audio ▶ 026

本文に出てくる文法や構文のツボを押さえましょう。

❶ You **are not allowed** to lend yours to anyone else.
他人にあなたのものをを貸してはいけません。

❷ You need to use another card to enter rooms **such as** the Financial Department.
財務部などの部屋に入るには、別のカードを使用する必要があります。

告知

❶ 禁止を示す表現

be not allowed（～することを許されない）

・**You are not allowed to enter the building during the weekend.**
（週末の間その建物に入ることを禁止されています）

・**Smoking is not allowed in the building.**
（その建物内での喫煙は禁止されています）

be prohibited（～することを禁止される）

・**Talking on the phone is prohibited in the library.**
（電話で話すことは図書館では禁止されています）

・**Eating and drinking is prohibited on the premises.**
（構内での飲食は禁止されています）

❷ 具体例を伝える時の表現 such as（～のような）

such asは直前の内容に対して、具体例を伝えるときに使われます。

・**In the neighborhood, there are some stores such as a grocery store and appliance stores.**
（近所には、食料品店や電化製品店などの店がいくつかあります）

Notice

This is to remind you that the new security system is scheduled to be installed over the weekend. Almost all doors are locked automatically after they are closed. Be sure to take your new security card with you on Friday so that you can use it on Monday. Please touch your card to the card reader to open locked doors. It will keep track of who has used the card as well as at what time it is, so you are not allowed to lend yours to anyone else. Also, you need to use another card to enter rooms in which strongly confidential information is handled such as the Financial Department. Please refer to the instruction manual for more details. As before, employees must wear identification badges on the premises at all times. If you have any questions or concerns about the new procedures, please contact the Security Department at extension 550.

<<< **Step3** 速トレ Audio ▶ 027

P.12の5つの手順に従い、Part 7の英文を何度も声に出して読む速読トレーニングを行いましょう。

Check 左ページの英文を読んで、1～3の問題に答えてください。

1. What is the main purpose of the notice?

(A) To inform employees of a schedule change
(B) To request a card to be returned
(C) To notify staff of a temporary closure
(D) To provide a reminder about a new procedure

2. The phrase "as well as" in paragraph 1, line 7, is closest in meaning to

(A) beyond
(B) and
(C) again
(D) more than

3. What is suggested in the notice?

(A) Security cards must be returned to the original place.
(B) Employees need to fill out a registration form.
(C) Some areas have stricter security.
(D) New identification badges will be issued.

日本語訳

お知らせ

週末に新しいセキュリティシステムが導入される予定であることを改めてお知らせします。ほぼすべてのドアが閉められた後に自動的にカギがかかります。月曜日に使えるように、金曜日に新しいセキュリティカードを必ず持って行ってください。カギがかかったドアを開けるには、カードをカードリーダーにタッチしてください。誰がカードを使ったかやその時間を記録するため、他人にカードの貸し出しをすることは禁止されています。また、財務部など機密性の高い情報を扱う部屋に入るには別のカードを使う必要があります。詳細については指示書を参照してください。以前のように、社員は構内にいるときにはいつでもIDバッジを身につけなくてはなりません。新しい手順についてご質問や心配事がある場合は、内線550のセキュリティ部までご連絡ください。

Check 日本語訳

1. 告知文の主な目的は何ですか？
(A) スケジュールの変更を従業員に通知する
(B) カードの返却を要請する
(C) 一時的な閉鎖をスタッフに通知する
(D) 新しい手順について通知する

2. 第 1 段落・7 行目にある as well as に最も意味が近いのは
(A) 超えて
(B) そして
(C) 再び
(D) 以上

3. 告知文で何が示唆されていますか？
(A) セキュリティカードは元の場所に戻す必要がある。
(B) 従業員は登録フォームに記入する必要がある。
(C) 一部の場所ではセキュリティがより厳しくなっている。
(D) 新しい ID バッジが発行される。

Check 解答・解説

1. 正解（**D**）
冒頭で新しいセキュリティシステムが導入されることが伝えられており、その後カードを使用する必要があることが説明されている。このカードの使用を new procedure（新しい手順）と言い換えている (D) が正解。

2. 正解（**B**）
該当フレーズの文を読むと、It will keep track of who has used the card as well as at what time と「誰が使ったか」と「それは何時か」を記録するとある。as well as と置き換えられるのは、情報を並べる (B) and。

3. 正解（**C**）
お知らせの内容にあるものを選ぶ問題。中盤に Also, you need to use another card to enter rooms in which strongly confidential information is handled... と別のカードが必要な部屋もあることが伝えられている。これは「通常のカードでは入れない」ということのため、言い換えている (C) が正解。

Unit 3- 2

Step1 語句学習 Audio ▶ 028

本文に出てくる重要語句の音声を聞いてリピートしましょう。

1.	shortage	不足 形 short (不足して)
2.	furthermore	さらに = moreover、also
3.	a large number of...	多くの =many
4.	address the issue	課題に対処する =deal with the issue / handle the issue
5.	expand	拡張する 名 expansion (拡張)
6.	adjacent	隣接した adjacent to～(～に隣接した) = next to ～ (～の隣で)
7.	accommodate	～に対応する
8.	expected completion date	完成予定日
9.	overcrowding	混雑

Step2 文法・構文学習

Audio ▶ 029

本文に出てくる文法や構文のツボを押さえましょう。

❶ We are expecting a large number of new employees **over** the next twelve months.

今後 12 カ月で多くの新入社員が見込まれます。

❷ The north end, next to the storage rooms, will be closed **as of** August 27.

保管室の隣の北端は、8 月 27 日をもって閉鎖されます。

告知

❶ これから／これまでの時間の長さを伝えるover

- **The road repair will take place** over **the next two weeks.**

（道路の修理は今後2週間で行われます）

- **Sales have increased** over **the past two years.**

（過去2年間で売上高は増加しています）

❷ 基準となる日時を伝えるas of

- **The new regulations will take effect** as of **April 1.**

（新しい規則は4月1日から発効します）

- As of **this morning, 200 people have registered for the seminar.**

（今朝の時点で、200人がセミナーに登録しています）

To: All Employees

As you know, an increase in the number of employees has resulted in a shortage of eating space in the cafeteria and caused long waits at lunchtime. Furthermore, we are expecting a large number of new employees over the next twelve months. As our company's top priority is employee satisfaction, the board has decided to address this issue. Therefore, we are going to expand the cafeteria by incorporating some adjacent rooms. In addition, the cafeteria will start to serve a wider variety of foods to accommodate employees of various cultural backgrounds.

Renovation is scheduled to begin on September 1, and the expected completion date is October 30. The cafeteria will be open during that period, but the north end, next to the storage rooms, will be closed as of August 27. To avoid overcrowding, we will set different lunch hours according to divisions. We apologize for any inconvenience this may cause you.

<<<

Step3 速トレ Audio ▶ 030

P.12の5つの手順に従い、Part 7の英文を何度も声に出して読む速読トレーニングを行いましょう。

Check 左ページの英文を読んで、1～3の問題に答えてください。

1. What is the main purpose of the notice?

(A) To announce a hiring policy
(B) To inform people of the board's decision
(C) To introduce newly hired employees
(D) To explain about a schedule change

2. What is NOT indicated in the notice?

(A) A part of the cafeteria will be temporarily closed.
(B) Some rooms will be connected.
(C) Lunchtime will be shorter during the expansion period.
(D) More foods will be added to the menu.

3. What will the employees do during the construction work?

(A) Eat at a nearby restaurant
(B) Reserve a cafeteria seat
(C) Use an alternative space
(D) Shift lunchtime

日本語訳

To:すべての従業員へ

ご存じのように、社員の数が増えていることでカフェテリアの食事スペースが不足しており、昼休みの長い待ち時間を引き起こしています。さらに、今後12カ月で多くの人が入社することが予想されます。当社の最優先事項が従業員の満足度であることから、役員会はこの問題に対処することを決めました。そのため、隣接している部屋を組み合わせることで、カフェテリアを拡張します。さらに、カフェテリアでは様々な文化的背景の社員に対応するために、幅広い種類の食べ物の提供を始めます。

改装は9月1日に始まる予定で、完了予定日は10月30日です。その期間中もカフェテリアはオープンしていますが、収納部屋に隣接する北側スペースは8月27日付で閉鎖されます。また混雑を避けるため、部署ごとに異なる昼食時間を設けます。ご迷惑をおかけし、申し訳ありません。

Check 日本語訳

1. 告知文の主な目的は何ですか？
(A) 採用方針を発表する
(B) 役員会の決定を人々に知らせる
(C) 新入社員を紹介する
(D) スケジュール変更の説明をする

2. 告知文に示されていないのは何ですか？
(A) カフェテリアの一部が一時休業する。
(B) いくつかの部屋が結合される。
(C) 拡張期間中の昼食時間が短くなる。
(D) より多くの食品がメニューに追加される。

3. 工事中、従業員は何をしますか？
(A) 近くのレストランで食べる
(B) カフェテリアの座席を予約する
(C) 代替スペースを使用する
(D) シフトで昼食休憩を取る

Check 解答・解説

1. 正解 **(B)**

冒頭で社員が増えていることでカフェテリアが狭くなっていることを述べた後、the board has decided to address this issue. と「役員会が問題に対処することを決めた」と伝え、カフェテリアを拡張する話へと入っている。正解は (B)。

2. 正解 **(C)**

第 1 段落 8 行目に、カフェテリア拡張の方法として by incorporating some adjacent rooms とあり、これが (B) のこと。続く the cafeteria will start to serve a wider variety of foods が (D) のこと。第 2 段落 2 ～ 4 行目でカフェテリアは空いているが北側スペースが 8 月 27 日付で閉鎖されるとある。これが (A) を指すため、正解は (C)。ランチタイムが短縮されるという記述はない。

3. 正解 **(D)**

工事中に社員が行うことを読み取る。第 2 段落に工事中のことが書かれている。3 文目に To avoid overcrowding, we will set different lunch hours according to divisions. と、混雑を避けるために異なるランチタイムを設定することが伝えられている。これを言い換えた (D)「シフトで昼食休憩を取る」が正解。

Unit 3- 3

Step1 語句学習 Audio ▶ 031

本文に出てくる重要語句の音声を聞いてリピートしましょう。

1.	questionnaire	アンケート =survey（調査）
2.	express concern	不安を伝える
3.	satisfaction rate	満足度
4.	probation period	試用期間
5.	certified instructor	公認のインストラクター
6.	in time for...	～に間に合うように
7.	criteria	基準 = standards
8.	consistent	一貫して 名 consistency（一貫性）
9.	contribute to...	～に貢献する 名 contribution（貢献）
10.	length of service	勤続年数 形 long（長い）、 動 lengthen（長くする）

Step2 文法・構文学習 Audio ▶ 032

本文に出てくる文法や構文のツボを押さえましょう。

❶ After completing the probation period successfully, they will become **certified** instructors.
試用期間が無事に終了すれば、認定インストラクターになります。

❷ We will provide benefits **which** vary according to the length of service.
勤続年数によって異なる特典を提供します。

❶ 動詞を形容詞化する分詞の働き（1）

分詞は動詞を形容詞化して名詞を説明するものです。1語で説明する場合は名詞の前につけて修飾します。

- fried **chicken**（揚げられた鶏肉＝フライドチキン）
- frozen **yogurt**（凍らされたヨーグルト＝フローズンヨーグルト）
- **the** signed **document**（サインされた書類）

❷ 動詞を形容詞化する分詞の働き（2）

2語以上で説明する場合は名詞の後ろにつけます。

- **the document** signed **by the manager**
（マネージャーによってサインされた書類）
- **the questionnaire** conducted **last month**
（先月実施されたアンケート）

❸ 名詞を説明する関係代名詞の働き

関係代名詞の前の名詞に関する説明が、関係代名詞の後ろに続きます。

- **people** who **have purchased our products**
（私たちの製品を購入したことがある人々）
- **documents** which / that **are stored in the cabinet**
（キャビネットに保管されている書類）

To: All Metropolitan Education employees
From: Audrey Watson

In the questionnaire conducted last month at all of our schools, some people expressed concern about the satisfaction rate. To keep the quality of our instructors high and continue to live up to our reputation, we have decided to introduce a three-month probation period for new instructors. After completing the probation period successfully, they will become certified instructors. This system will begin next month, so that new instructors can be certified in time for the start of new classes in May.

Trainers will be appointed by each branch director, but the training content and criteria will be exactly the same at all schools to keep quality consistent. In particular, we will train new instructors to explain clearly and capture students' interest and attention.

Also, to reward instructors who have contributed to our schools, we will provide benefits which vary according to the length of service.

<<< **Step3** 速トレ Audio ▶ 033

P.12の5つの手順に従い、Part 7の英文を何度も声に出して読む速読トレーニングを行いましょう。

Check 左ページの英文を読んで、1～3の問題に答えてください。

1. What is the purpose of the notice?

(A) To express concern about competition
(B) To provide details on a new hiring policy
(C) To change the length of a training period
(D) To request suggestions about new classes

2. What is NOT suggested in the notice?

(A) People with no teaching experience will not be considered.
(B) Metropolitan Education has multiple schools.
(C) The start of new classes is at least three months away.
(D) Different benefits are provided for different employees.

3. According to the notice, what ability should instructors have?

(A) Handle various levels
(B) Teach multiple subjects
(C) Draw attention
(D) Work long hours

日本語訳

宛先:Metropolitan Educationの全社員
送信者: Audrey Watson

先月、各スクールで行ったアンケートで、何名かが生徒からの満足度についての不安を伝えていました。インストラクターの質を高いレベルに保ち、評判に応えるため、新しいインストラクターに3カ月間の試用期間を設けることを決定しました。試用期間を完了した後、公認のインストラクターとなります。この制度は来月から始まり、新しいインストラクターが5月の新しいクラスに間に合うタイミングで働き始められるようにします。

トレーナーは各校舎所長に任命していただきますが、トレーニングの内容や基準は質を保つために全校でまったく同じものとなります。特に、新しいインストラクターが、明確な説明を行い、生徒の興味と注目を引きつけられるようにトレーニングします。

また、我々のスクールに貢献していただいたインストラクターへの報酬として、勤続年数に応じて、諸手当を支給いたします。

Check 日本語訳

1. 告知文の目的は何ですか？
(A) 競争への懸念の表明
(B) 新しい雇用方針の詳細の提供
(C) トレーニング期間の長さの変更
(D) 新しいクラスに関する提案の要求

2. 告知文に示唆されていないことは何ですか？
(A) 教育経験のない人は考慮されない。
(B) Metropolitan エデュケーションには複数の学校がある。
(C) 新しいクラスの開始は少なくとも 3 カ月先である。
(D) 従業員ごとに異なる手当てが支給される。

3. 告知文によると、インストラクターはどのような能力を持っている必要がありますか？
(A) 様々なレベルを扱う
(B) 複数の科目を教える
(C) 注意を集める
(D) 長時間働く

Check 解答・解説

1. 正解（**B**）

第 1 段落を読むと、「試用期間を設ける」という内容が書かれている。試用期間は新しく採用するインストラクターに対するもののため、これを要約している (B) が正解。(A) の express concern は書かれていたが「競争」に関する ものではない。(C) の training period は probation period のことではあるが、その長さを変更するわけではないため不可。(D) は、新しいクラスについての提案は述べられていないので不適切。

2. 正解（**A**）

本文 1 行目に all of our schools とあり、複数の校舎があることがわかるため、(B) は書かれている。第 1 段落の 5 行目に「3 カ月の試用期間」とあり、さらに最後に「新しいインストラクターが 5 月の新しいクラスに間に合うように働き始められる」とある。よって、(C) も該当するため消去。第 3 段落の最後に「勤続年数に応じて異なる手当てを支給します」とあるため、(D) も書かれている。よって、正解は (A)。

3. 正解（**C**）

インストラクターが持つべき能力を特定する。第 2 段落の後半に we will train new instructors to explain clearly and capture students' interest and attention. とトレーニング内容が書かれている。このうち capture students' interest and attention を「興味を引きつける」と言い換えている (C) が正解。

Unit 3-4

Step1 語句学習

Audio ▶ 034

本文に出てくる重要語句の音声を聞いてリピートしましょう。

1.	adjacent to...	～に隣接した = next to...
2.	be equipped with...	～が備えられている
3.	exclusive for...	～限定で、独占的に
4.	resident	住民 名 residence（住居）
5.	-native	～生まれの
6.	world-renowned	世界的に有名な = world-famous
7.	advance ticket	前売り券
8.	accommodate up to...	最大～人収容する
9.	on a first-come, first-served basis	先着順で （on...basis で「～の基準で」）
10.	in advance	事前に = beforehand

Step2 文法・構文学習 Audio ▶ 035

本文に出てくる文法や構文のツボを押さえましょう。

❶ We **are pleased to** announce that the Grand Theater Edmonton is scheduled to open on August 10.
グランドシアターエドモントンは8月10日にオープン予定であることをお知らせできることをうれしく思います。

❷ It **is located** adjacent to Edmonton Shopping Mall.
それはエドモントンショッピングモールに隣接しています。

❸ You **are required to** present a form of identification.
あなたは身分証明書を提示する必要があります。

❶ うれしいことを前置きする構文

- We are pleased to **announce that...**
（私たちは～をお知らせできることをうれしく思います）
- I am delighted to **announce that...**
（私は～をお知らせできることをうれしく思います）
- I am honored to **receive...**（私は～を受け取って光栄です）

❷ うれしくないことを前置きする構文

- We regret to **inform you that...**（申し訳ございませんが～）
- I am afraid that**...**（残念ながら、申し訳ございませんが～）

❸ 頻出の受動態表現

- **Our office** is located **near the station.**
（私たちのオフィスは駅の近くに位置しています）
〈モノ is / are located in / at / near 場所〉
- **The meeting** is scheduled **for next Friday.**
（会議は来週の金曜日に予定されています）
〈モノ is / are scheduled for 日程〉
- **You** are encouraged **to attend the seminar.**
（あなたはセミナーに出席することが奨励されています）
〈人 is / are / am encouraged to 内容〉

告知

We are pleased to announce that the Grand Theater Edmonton is scheduled to open on August 10. It is located adjacent to Edmonton Shopping Mall. The newly established theater has 10 different screens. All of the rooms are equipped with state-of-the-art visual and audio systems and comfortable seats, unlike anything you have experienced before.

To celebrate its opening, we will have a movie showing of *Extended Time* exclusively for Edmonton residents. The movie was directed by Edmonton-native Randy Leeds and stars world-renowned actress Hanna Khan.

Advance tickets are now on sale at www.grandtheater_ed.com. Alternatively, you can reserve them by phone at 555-2210. Please note that the theater can accommodate up to 300 people, and seats are provided on a first-come, first-served basis. You are required to present a form of identification with your address to verify residency. We would like YOU to be the first visitor to our theater. If you wish to cancel your reservation, please contact us at least one week in advance.

<<< **Step3** 速トレ Audio ▶ 036

P.12の5つの手順に従い、Part 7の英文を何度も声に出して読む速読トレーニングを行いましょう。

Check 左ページの英文を読んで、1〜3の問題に答えてください。

1. What is the purpose of the notice?

(A) To offer a discount for a service
(B) To announce an upcoming renovation
(C) To give directions to a movie theater
(D) To extend an invitation to local residents

2. What is mentioned in the notice?

(A) Seats will be assigned randomly.
(B) The director was born in Edmonton.
(C) A cancellation fee will be applied.
(D) The theater is easily accessible from the station.

3. What are people required to do?

(A) Provide identification
(B) Pay by credit card
(C) Use public transportation
(D) Submit a registration form

日本語訳

グランド・シアターEdmontonが8月10日にオープンすることをお伝えできてうれしく思います。同シアターは、Edmontonショッピングモールに隣接しています。新たに設立された映画館は10のスクリーンがあります。すべての部屋が最新の映像・音響システムと快適な座席を備えており、みなさまがこれまでに体験したものとは異なるものです。

オープンを記念して、Edmontonの住民の方のみを対象に『Extended Time』という映画を上映します。この映画はEdmonton生まれのRandy Leedsが監督をし、世界的に著名な映画女優のHanna Khanが主演しています。

前売り券は、www.grandtheater_ed.comで販売されています。もしくは、555-2210に電話して予約することもできます。会場は最大300人収容でき、座席は先着順となることをご承知おきください。住民であることを確認するために、住所を記載した身分証明書を提示する必要があります。ぜひみなさまに映画館への最初のお客さまになっていただきたいと思います。予約をキャンセルされたい場合は、少なくとも1週間前までにご連絡ください。

Check 日本語訳

1. 告知文の目的は何ですか？
(A) サービスの割引を提供すること
(B) 今後の改修を発表すること
(C) 映画館への道順を示すこと
(D) 地域住民を招待すること

2. 告知文には何が記載されていますか？
(A) 座席はランダムに割り当てられる。
(B) 監督はエドモントンで生まれた。
(C) キャンセル料がかかる。
(D) 映画館は駅からアクセスしやすい。

3. 人々は何をする必要がありますか？
(A) 身元を証明する
(B) クレジットカードで支払う
(C) 公共交通機関を利用する
(D) 登録用紙を提出する

Check 解答・解説

1. 正解 **(D)**

お知らせの目的が問われている。冒頭で、映画館がオープンすることが伝えられ、その記念に、エドモントンの住民を対象に映画へ招待する件へと話が展開している。これを要約しているのが、(D) 地域住民を招待する。割引については書かれていないため、(A) は不可。

2. 正解 **(B)**

書かれている内容を読み取る。映画について「エドモントン生まれの Randy Leeds によって監督された」とある。これを言い換えている (B) が正解。座席は先着順で決まるため、(A) のランダムではない。最終文でキャンセルに関する規定が書かれているが、キャンセル料については書かれていないため (C) も不正解。(D) の駅は登場していない。

3. 正解 **(A)**

要求されていることをピンポイントで読み取る。第 3 段落 6 行目に、You are required to... とあり、その内容が present a form of identification with your address である。よって、正解は (A)。

Unit 3- 5

Step1 語句学習

Audio ▶ 037

本文に出てくる重要語句の音声を聞いてリピートしましょう。

1.	approach	近づく
2.	mandatory	強制的な、必須の =required
3.	be compensated for...	補償される、支払われる = be reimbursed for / be made up for
4.	assign	割り当てる 图assignment(割り当て、仕事)
5.	bulletin board	掲示板
6.	swap	交換する、入れ替える = exchange
7.	alternatively	もしくは、代案として = 接続詞 or と同じ意味
8.	instead of...	～の代わりに
9.	burden	重荷、負荷
10.	stock the shelves	棚に商品を補充する

Step2 文法・構文学習

Audio ▶ 038

本文に出てくる文法や構文のツボを押さえましょう。

❶ Your assigned shift will be posted on the bulletin board **by** the end of the week.
割り当てられたシフトは、週末までに掲示板に投稿されます。

❷ This support will last **until** the end of the year.
これらのサポートは年末まで続きます。

告知

❶ byとuntilの使い分け(1)

byは「締切・期限」を表すのに使われます。

- **You are required to submit the report by the end of the week.**
  (週末までに報告書を提出する必要があります)
- **Please make a payment by the due date.**
  (期日までにお支払いください)
- **We need to start working by 9:00 A.M.**
  (午前9時までに作業を開始する必要があります)

❷ byとuntilの使い分け(2)

untilは「いつまで継続するか」を表す際に使われます。

- **We will be staying in Tokyo until Friday.**
  (私たちは金曜日まで東京に滞在します)
- **The sale will last until August 31.**
  (セールは8月31日まで続きます)

なお、「いつまで～しない」という場合は**until**が使われる。

- **The survey results will not come out until next month.**
  (調査結果は来月まで出てきません)
- **You cannot enter the building until 10:00 A.M.**
  (午前10時まで入館できません)

To: All Staff
From: Store Manager

As the holiday season is approaching, we are entering one of our busiest times of the year. Given this situation, we need to work overtime over the next three weeks. This is mandatory, but you will be compensated for the time, of course.

Your assigned shift will be posted on the bulletin board by the end of the week. If you are unable to work extra hours on the day you have been assigned, please let me know. I will rearrange your shift by swapping it with someone else. Alternatively, you can start work earlier in the day instead of finishing work late.

Also, to start the promotional sale on time and reduce your burden, I have decided to hire temporary workers to help with changing the store layout, decorating the walls and windows, and stocking the shelves. This support will last until the end of the year.

As mentioned above, one of the busiest seasons will start soon. Let's enjoy it and make it another huge success for our store.

Step3 速トレ Audio ▶ 039

P.12の5つの手順に従い、Part 7の英文を何度も声に出して読む速読トレーニングを行いましょう。

Check 左ページの英文を読んで、1～3の問題に答えてください。

1. What is the purpose of the notice?

(A) To apologize for a misunderstanding
(B) To introduce newly hired workers
(C) To report a problem with shipment
(D) To announce a temporary schedule change

2. What is suggested to the staff members?

(A) Taking a vacation earlier
(B) Shifting their working hours
(C) Working from home
(D) Choosing some wall papers

3. What is NOT suggested in the notice?

(A) Additional payment will be made to staff.
(B) The number of staff will increase for three weeks.
(C) Staff need to receive training for packaging.
(D) The store increased sales in the past.

日本語訳

To: 全スタッフ
From: ストアマネージャー

休暇シーズンが近づくにつれて、1年で最も忙しい時期の1つに入ります。この状況を考えると、今後3週間にわたり残業をする必要があります。これは必須ですが、もちろんその時間に対して残業代が支払われます。

割り当てられたシフトは今週末までに掲示板に貼り出されます。割り当てられた日に残業ができない場合はお知らせください。他の人と入れ替えることでシフトを変更します。もしくは、その日（割り当てられた日）に遅くまで働く代わりに早く来て仕事を始めることもできます。

また、販売促進セールを時間通りに始め、かつみなさんの負担を減らすため、店のレイアウトを変えたり、店の壁や窓を装飾したり、棚に商品を補充するため、その期間は臨時労働者を雇うことに決めました。これらのサポートは年末まで続きます。

上記で述べたように、最も忙しいシーズンの1つがもうすぐ始まります。楽しんで、店にとって再び大きな成功を収めましょう。

Check 日本語訳

1. 告知文の目的は何ですか？
(A) 誤解したことをお詫びすること
(B) 新入社員を紹介すること
(C) 発送に関する問題を報告すること
(D) 一時的なスケジュール変更を発表すること

2. スタッフに何を提案していますか？
(A) 早めに休暇を取ること
(B) 勤務時間を変更すること
(C) 在宅勤務をすること
(D) 壁紙をいくつか選ぶこと

3. 告知文に示唆されていないことは何ですか？
(A) 追加の支払いがスタッフに行われる。
(B) スタッフ数は３週間増加する。
(C) スタッフは包装のトレーニングを受ける必要がある。
(D) 店は過去に売り上げを伸ばした。

Check 解答・解説

1. 正解 **(D)**

第 1 段落に、最も忙しい時期に入ることを理由として、これから 3 週間は残業が必要であることが書かれている。この「3 週間の残業」を temporary schedule change と言い換えている (D) が正解。

2. 正解 **(B)**

What is suggested to...? は「～に対して何が提案されていますか」ということ。提案内容を特定する。第 2 段落に I will rearrange your shift...（シフトを調整する）や、you can start work earlier in the day instead of finishing work late.（遅くまで働く代わりに早く仕事を始める）と書かれており、これを言い換えている (B) の「勤務時間を変更する」が正解。

3. 正解 **(C)**

書かれているものを消去する。第 1 段落後半の You will be compensated for the time（時間に対して埋め合わせ［支払い］をする）は (A) の「追加の支払い」のこと。第 3 段落の臨時スタッフは残業のある期間中の雇用のため、第 1 段落の情報と合わせると (B) を言い換えたものである。第 4 段落の最後に another huge success とあることから、すでに売り上げがアップした過去があることがわかるので (D) も書かれている。よって、正解は (C)。

Unit 3- 6

Step1 語句学習

Audio ▶ 040

本文に出てくる重要語句の音声を聞いてリピートしましょう。

1.	reputation	評判 live up to one's reputation (評判に沿う)
2.	decline	低下する = decrease
3.	emergence	出現、台頭 動 emerge (台頭する)
4.	restore	回復する、修復する 名 restoration (回復)
5.	extensive	大規模な = extended
6.	element	要素 = factor
7.	appropriate	最適な =suitable、proper
8.	obtain permission	許可を得る
9.	authorized personnel	権限を与えられた社員
10.	have access to...	～に利用できる

Step2 文法・構文学習　Audio ▶ 041

本文に出てくる文法や構文のツボを押さえましょう。

❶ Our reputation has **declined** over the past two years despite your hard work.
みなさんの尽力にもかかわらず、私たちの評判は過去２年間で低下しました。

❷ This is largely **due to** the emergence of our competitors as well as the low usability of our Web site.
これは主に競合他社の台頭と私たちのウェブサイトの使い勝手が悪いためです。

❶ 増加を表す単語：[increase / grow / rise / surge / skyrocket]

Our sales have increased / risen / surged / skyrocketed **over the past year.**（売り上げは過去1年間で上昇しました）

❷ 減少を表す単語：[decrease / fall / drop / decline / reduce]

The number of visitors has decreased / fallen / dropped/ declined / reduced **for the last quarter.**
（訪問者数は、過去の1四半期で減少しました）

❸ 理由を表す接続詞「〜なので」：because / since / as

・**The sales report will be sent tomorrow** because **it's not ready yet.**
（まだ準備できていないので、販売レポートは明日送られます）

・Since **we cannot postpone the meeting, we should hold it without the manager.**（会議を延期することができないので、マネージャー抜きで開催すべきです）

❹ 理由を表す前置詞「〜のため」：because of / due to / owing to

・**The event was canceled** due to **bad weather.**
（悪天候のため、イベントはキャンセルされました）

・Owing to **the donations from local residents, the library will be renovated next month.**（地元住民からの寄付のおかげで、図書館は来月改装されます）

To: Marketing Team
From: Charles Raymond, Marketing Manager

As you know, our reputation has declined over the past two years despite your hard work. This is largely due to the emergence of our competitors as well as the low usability of our Web site compared to those of our competitors. To restore customer satisfaction, the management has decided to conduct extensive research and update our Web site. The marketing team will lead the project.

For the research, we will analyze some elements that affect purchasing decisions so that we can customize our service to meet customers' needs. That way, appropriate items can be proposed to the right person at the right time based on data. Before starting to send promotional e-mails, however, we need to obtain permission from customers.

Also, to ensure security, only authorized personnel have access to customer records, and you cannot access the information from outside the office. You can log onto the system from specific computers in the office.

Should you have any questions regarding this matter, please contact me.

<<<

Step3 速トレ Audio ▶ 042

P.12の5つの手順に従い、Part 7の英文を何度も声に出して読む速読トレーニングを行いましょう。

Check 左ページの英文を読んで、1～3の問題に答えてください。

1. What is the purpose of the memo?

(A) To reveal some results
(B) To provide an estimate
(C) To address a problem
(D) To request research

2. What factor will be analyzed?

(A) Order history
(B) Pricing information
(C) Usability of a Web site
(D) Reasons for purchase

3. What is indicated about the system?

(A) It has limited access.
(B) It was recently updated.
(C) It is managed by the personnel department.
(D) It was used as a company directory.

日本語訳

宛先: マーケティングチーム
送信者: Charles Raymond、マーケティングマネージャー

ご存じのようにみなさんの懸命な努力にもかかわらず、過去2年間にわたって私たちの評判が落ちています。これは主に、競合他社の台頭と、競合のウェブサイトと比べると私たちのウェブサイトの使い勝手が悪いためです。顧客満足度を回復するために、経営陣は大規模なリサーチを実施することと、ウェブサイトをアップデートすることを決定しました。マーケティングチームがそのプロジェクトを率います。

リサーチについては、購買決定に影響を与える要素を分析し、顧客のニーズに合うようにサービスをカスタマイズできるようにします。そうすることで、データに基づいて、最適な商品を正しい人に正しい時に提案できるようになります。しかし、販促用Eメールを送り始める前に顧客から許可を得る必要があります。

また、セキュリティを確保するために、権限を与えられた社員しか顧客記録にアクセスできず、オフィスの外からは情報にアクセスできません。オフィスの特定のコンピュータからであればシステムにログオンできます。

この件についてご質問がありましたら、私に連絡ください。

Check 日本語訳

1. メモの目的は何ですか?
(A) 結果を明らかにすること
(B) 見積もりを提供すること
(C) 問題に対処すること
(D) 調査を依頼すること

2. どのような要因が分析されますか?
(A) 注文履歴
(B) 価格情報
(C) ウェブサイトの使いやすさ
(D) 購入理由

3. システムについて何が示されていますか?
(A) アクセスが制限されている。
(B) 最近更新された。
(C) 人事部が管理している。
(D) 社員名簿として使用された。

Check 解答・解説

1. 正解（**C**）

冒頭から目的を読み取る。「評判が落ちている」という状況説明の後、「顧客満足度を回復するために、リサーチを実施することと、ウェブサイトを新しくすることに決めた」とある。これを「問題に対処すること」と要約している (C) が正解。

2. 正解（**D**）

分析される内容についてを読み取る。第 2 段落 1 行目に we will analyze some elements... と分析する内容に触れられている。内容の詳細が that affect purchasing decisions（購入決定に影響を与えるもの）とあるため、(D) の「購入の理由」が適切。

3. 正解（**A**）

システムに関する内容は、第 3 段落に書かれている。1 行目に only authorized personnel have access...（権限を与えられた社員だけがアクセスできる）とあり、これを言い換えている (A) が正解。

Unit 3- 7

Step1 語句学習 Audio ▶ 043

本文に出てくる重要語句の音声を聞いてリピートしましょう。

1.	population	人口
2.	effective	効力を発する = as of... (～時点で)
3.	commuter	通勤客 動 commute (通勤する)
4.	apply to...	～に適用される 形 applicable (適用できる)
5.	strengthen	強める 名 strength (強さ) 形 strong (強い)
6.	connectivity	接続性 connection は「つながり」
7.	resident	住民 形 residential (住宅の) residential area (住宅街)
8.	app	アプリ application の略
9.	notification	通知 動 notify (通知する)
10.	disruption	乱れ、混乱 動 disrupt (混乱させる)

Step2 文法・構文学習

Audio ▶ 044

本文に出てくる文法や構文のツボを押さえましょう。

Commuters traveling between Green Park and the City Center will have additional bus services.
グリーンパークと市内中心部の間を移動する通勤者は、追加のバスサービスを利用できます。

2種類の分詞の使い方

分詞が名詞を後ろから修飾する場合は、下記のような2パターンがあります。

1. People traveling to the station（駅まで移動する人々）

2. Orders placed online（オンラインでされた注文）

・**People**（→どんな人々？）→ **travel to the station**

Peopleがtravelするという能動態の関係となるため、動詞にingをつけ、People traveling to the stationとなります。

サザエさんの歌詞のように「猫を追いかけていく女性」を英語で表現する場合は、A lady chasing a catとなります。

・**Orders**（→どんな注文？）→ **were placed online**

Ordersはplaceされるという受動態の関係となるため、動詞にedをつけ、Orders placed onlineとなります。

告知

The Bay Transportation Authority (BTA) is proud to announce that we will have two updated services to accommodate the growing population in the West Park area. First, effective September 1, commuters traveling between Green Park and City Center will have additional bus services. The increase will apply to B12 and B14 bus services, which depart from Green Park and North Street. This will also strengthen connectivity to other forms of transportation.

Furthermore, to better serve residents in the area, we will introduce a new bus route with direct access to and from the airport. This will help significantly reduce traveling time and add more comfort to your travel.

We highly recommend downloading our smartphone app. Customers can use it to check bus service status in real time, get notifications about any major disruptions, and reserve seats for buses going to and from the airport. For more information, please visit our Web site at www.baytransportationauthority.com.

<<< **Step3** 速トレ Audio ▶ 045

P.12の5つの手順に従い、Part 7の英文を何度も声に出して読む速読トレーニングを行いましょう。

Check 左ページの英文を読んで、1～3の問題に答えてください。

1. What is indicated about the BTA?

(A) It will introduce environmentally-friendly vehicles.
(B) It provides sightseeing routes.
(C) It will provide additional services.
(D) It plans to acquire a local business.

2. What is one benefit for passengers?

(A) They will be issued a card.
(B) They can transfer more smoothly.
(C) They can receive discounts.
(D) There will be more frequent stops.

3. What is NOT available on the smartphone app?

(A) Travel simulation
(B) Real time information
(C) Accident notifications
(D) Seat reservation services

日本語訳

ベイ交通局（BTA）はウェストパーク地区の人口増加に対応すべく、2つの新しいサービスの提供を発表できることを誇りに思います。まず、9月1日付けで、グリーンパークとシティセンターの間を移動する通勤客のみなさんは追加のバス運行のサービスが受けられます。この増便は、グリーンパークとノースストリートから出発するB12とB14のバス運行に適用されます。また、この増便により他の交通機関への接続が強化されます。

さらに、地域の住民のみなさんによりよいサービスを提供するため、空港に直接アクセスできる新しいバスルートを導入します。こちらは移動時間を大幅に減らし、より快適に移動できるようになります。

スマホアプリのダウンロードを強くお勧めします。スマホアプリでできることは、リアルタイムにバスの状況を確認すること、大きな混乱が起こったときに通知を受け取ること、そして空港往復バスの座席を予約することです。詳しい情報を得たい方は、ウェブサイトwww.baytransportationauthority.comにアクセスしてください。

Check 日本語訳

1. BTA について何が示されていますか？
(A) 環境にやさしい車を導入する。
(B) 観光ルートを提供する。
(C) 追加のサービスを提供する。
(D) 現地企業の買収を計画している。

2. 乗客にとっての利点の１つは何ですか？
(A) カードが発行される。
(B) よりスムーズに乗り換えられる。
(C) 割引を受けることができる。
(D) より頻繁に停止する。

3. スマホアプリで利用できないものは何ですか？
(A) 旅行シミュレーション
(B) リアルタイムの情報
(C) 事故通知
(D) 座席予約サービス

Check 解答・解説

1. 正解（**C**）

基本的に本文はすべて BTA に関する内容であるため、本文と選択肢を照合して判断する。第 1 段落で追加のバス運行が実施され、第 2 段落では空港へのバスが導入されるとある。これらを要約した (C)「追加のサービス（バス運行）が提供される」が正解。

2. 正解（**B**）

乗客への利点を読み取る。追加のバス運行について、第 1 段落の最後に This will also strengthen connectivity to other forms of transportation.（これは他の交通機関への接続を強化します）と書かれている。これを言い換えているのが (B) の「よりスムーズに乗り換えられる」。

3. 正解（**A**）

スマホアプリについては第 3 段落に書かれているため、アプリについて述べられているものを消去していく。第 3 段落 2 行目の check bus service status in real time が (B) のこと。続く、get notifications about any major disruptions が (C) のこと。そして、reserve seats for... が (D) のこと。よって、述べられていないのは (A) の「旅行シミュレーション」。

告知

Column 3 問題タイプと解き方

Part 7 に出題される問題には、7 つのタイプがあります。

1. 目的・トピック型
What is the purpose of the e-mail? や Why did Mr. Jackson write the e-mail? のように目的が問われているものです。また、What is the article mainly about? のように概要が問われる場合もあります。いずれも正解の選択肢は本文の内容を要約されたものとなります。

2. ピンポイント型
What are people required to do? や What factor will be analyzed? のように、具体的な情報を問うものです。読む力よりも、ピンポイントで情報を検索する力が求められています。選択肢は短いことが多く、やさしい問題も多くあります。

3. 選択肢照合型
What is indicated about Mr. Jackson? や What is suggested in the notice? のように、本文の内容から読み取れる情報が問われる問題です。本文の内容を理解するだけでなく、大きく言い換えられた選択肢と照合して正解を選ぶ必要があるため難易度が高い問題です。

4. NOT 型
What is NOT available on the smartphone app? のように、書かれていないものを選ぶ問題です。書かれていないものを特定するために、書かれているものを 3 つ消去します。

5. 同義語型
The word "open" in paragraph 1, line 2, is closest meaning to で問われるもの。該当する語句と置き換えても意味が変わらない選択肢を選ぶ。

6. 意図問題型
At 10:19 A.M., what does Ms. Lopez mean when she writes, "I know" ? のように、発言の意図が問われるもの。話の展開を読み取ったうえで、その発言の意図を選択肢から選ぶ。

7. 文挿入型
In which of the positions marked [1], [2], [3], and [4] does the following sentence best belong? で問われ、指定の文がどこに入るかを特定する問題。[1] ~ [4] の前後を読みながら、指定の文と話がつながる場所を特定する。

Unit 4

広告

Unit 4- 1

Step1 語句学習

Audio ▶ 046

本文に出てくる重要語句の音声を聞いてリピートしましょう。

1.	pride oneself on...	～に誇りを持っている = be proud of...
2.	courteous	礼儀正しい、丁寧な = polite 名 courtesy（礼儀正しさ）
3.	acquire	習得する = get
4.	expertise in...	～の専門。expertise とは、expert としての知識や技術のこと
5.	valued client	お得意様 existing client（既存顧客）
6.	interactive	双方向の、インタラクティブな
7.	internal	内部の ↔ external（外部の）
8.	underlying	基本的な = basic
9.	booster	推進するもの 動 boost（推進する、高める）
10.	competitive edge	競争力 = competitiveness

Step2 文法・構文学習

Audio ▶ 047

本文に出てくる文法や構文のツボを押さえましょう。

❶ We **help** people from all over the world acquire expertise in various fields.
私たちは世界中の人々が様々な分野の専門知識を習得するのを支援します。

❷ **Even though** this workshop is intended to improve communication with customers, internal communication among employees has also been greatly improved.
このワークショップは、顧客とのコミュニケーションを改善することを目的としていますが、従業員間の内部コミュニケーションも大幅に改善されています。

❶ helpを使った構文

help＋人＋ (to) 動詞

Could you help me (to) carry these boxes?
（箱を運ぶのを手伝っていただけませんか）

TOEICでは、toが省略されることが多いです。

help＋ (to) 動詞

This seminar will help (to) improve your skills.
（このセミナーはスキルを向上させるのに役立ちます）

❷ 逆接の接続詞

although / even though（～にもかかわらず）

Even though the budget was limited, we succeeded in the promotional campaign.
（予算が限られていましたが、販促キャンペーンに成功しました）

なお、上の文の接続詞からカンマまでを後半につけることもできます。

We succeeded in the promotional campaign even though the budget was limited.
（予算が限られていましたが、販促キャンペーンに成功しました）

その他の接続詞（**because / while**など）も同様のことができます。

Dragon Booster International Ltd. has been known as a high-quality workshop provider for over two decades. We pride ourselves on our experienced instructors and courteous service. We help people from all over the world acquire expertise in various fields. We are happy to announce that a brand new workshop has been developed and is now available exclusively for our valued clients who have completed our basic course.

In this interactive workshop, we focus on two areas of business: Customer Service and Communication Skills. The purpose of this workshop is to help your employees communicate more effectively and efficiently with your customers. We also look at taking your customer service to the next level. Our surveys show that, even though this workshop is intended to improve communication with customers, internal communication among employees has also been greatly improved, resulting in higher morale and productivity for businesses. Communication strategies are underlying but essential boosters of your company's competitive edge.

<<<

Step3 速トレ Audio ▶ 048

P.12の5つの手順に従い、Part 7の英文を何度も声に出して読む速読トレーニングを行いましょう。

Check 左ページの英文を読んで、1～3の問題に答えてください。

1. What is true about Dragon Booster International Ltd.?

(A) It has acquired some companies.
(B) It was founded more than twenty years ago.
(C) Its headquarters has been relocated.
(D) It has several award-winning instructors.

2. What feature of the new workshop is implied?

(A) Each group has one instructor.
(B) It is intended for managers.
(C) It has been updated.
(D) Participants work together.

3. What benefit is NOT mentioned in the information?

(A) Improved quality of service
(B) Stronger connections among employees
(C) An exclusive contract with the provider
(D) Better results in business

日本語訳

Dragon Booster International社は20年以上にわたって高品質のワークショップを提供する会社として知られています。私たちは経験豊富なインストラクターと丁寧なサービスに誇りを持っています。世界中の人々に対して、様々な分野で専門性を獲得するためのお手伝いをしています。新しいワークショップが開発され、基本コースを修了したお得意様限定で現在ご利用いただけます。

このインタラクティブなワークショップでは、顧客サービスとコミュニケーションスキルの2つのビジネス分野に焦点を当てています。このワークショップの目的は御社社員が、顧客とより効果的かつ効率的にコミュニケーションを取れるようにすることです。また、顧客サービスを次のレベルに引き上げることも目標です。調査によると、このワークショップは顧客とのコミュニケーションを改善することを意図していますが、社員同士の内部のコミュニケーションも大きく改善され、結果として高い士気や業務面での生産性へとつながっています。コミュニケーション戦略は、御社の競争力にとって基本的ですが本質的な支援策となります。

Check 日本語訳

1. Dragon Booster International 社について何が正しいですか？
(A) いくつかの会社を買収した。
(B) 20 年以上前に設立された。
(C) 本社が移転した。
(D) 受賞歴のあるインストラクターが何人かいる。

2. 新しいワークショップのどのような特徴が暗示されていますか？
(A) 各グループには 1 人のインストラクターがいる。
(B) マネージャーを対象としている。
(C) 更新された。
(D) 参加者が一緒に作業をする。

3. 情報に記載されていない利点は何ですか？
(A) サービス品質の向上
(B) 従業員間のより強いつながり
(C) 提供会社との独占契約
(D) ビジネスでのより良い結果

Check 解答・解説

1. 正解（**B**）

Dragon Booster International Ltd. についての内容を選択肢と照合する。第 1 段落の冒頭に ...has been known as a high-quality workshop provider for over two decades. と、20 年以上にわたって研修を提供していることが書かれている。よって、設立も 20 年以上前だと考えられるため正解は (B)。

2. 正解（**D**）

新しいワークショップの特徴を読み取る。第 2 段落の冒頭に In this interactive workshop とあるため、一方的ではなく、やり取りがあるワークショップだとわかる。これを指している (D) が正解。

3. 正解（**C**）

利点として書かれていないものが問われているため、書かれているものを 3 つ特定する。第 2 段落 5 行目に taking your customer service to the next level とあり、これが (A) のこと。8 行目にある internal communication among employees has also been greatly improved が (B) のこと。9 行目の resulting in higher...productivity が (D) のこと。残った (C) の独占契約の話は書かれていない。

Unit 4- 2

Step1 語句学習 Audio ▶ 049

本文に出てくる重要語句の音声を聞いてリピートしましょう。

1.	in high demand	大きな需要がある
2.	specialize in...	～を専門とする 名 specialization（専門）
3.	potential	可能性。形容詞で使うと「潜在的な、可能性のある」
4.	range from A to B	A から B まで範囲がある
5.	three consecutive years	3 年連続
6.	career direction	キャリアの方向
7.	fulfillment	達成感、満足感
8.	in general	一般に =generally
9.	background	経歴
10.	various	様々な

Step2 文法・構文学習 Audio ▶ 050

本文に出てくる文法や構文のツボを押さえましょう。

❶ Our clients **range from** politicians, professional athletes, **to** business people.
私たちのクライアントは政治家からプロのアスリート、ビジネスマンまで多岐にわたります。

❷ Our satisfaction rate from clients has been the **best** in this industry for three consecutive years.
クライアントからの満足度は、この業界で３年連続で最高です。

❶ 範囲を表す表現

range from A to B（AからBまで多岐にわたる）

・Our clients range from family-owned companies to large companies.
（私たちのクライアントは、家族経営の会社から大企業まで多岐にわたります）

・Our courses range from beginner to advanced levels.
（私たちのコースは、初心者から上級レベルまで多岐にわたります）

❷ betterやbestを使った表現

・This questionnaire is to better serve our customers.
（このアンケートは、お客様により良いサービスを提供するためのものです）

・Please suggest three words that best describe our products.
（当社の製品を最もよく表す3つの単語を提案してください）

広告

Have you heard that a great number of successful people hire personal coaches to achieve their goals? Solving problems with the support of a personal coach is currently in high demand. Starquest Agency specializes in personal coaching to help develop our clients' potential in both their business and daily lives. Our clients range from politicians, professional athletes, to business people, and our satisfaction rate from clients has been the best in this industry for three consecutive years.

Personal coaching is effective in any situation including career direction and development, personal fulfillment, or life change in general. Our certified coaches have various backgrounds, and we assign a coach whose strength best matches your needs and purpose. If you are interested in hiring a coach, please visit our Web site at www.starquestagency.com/personal.html, and reserve a free trial session so that you can learn and experience more about the possibilities we offer.

<<< **Step3** 速トレ Audio ▶ 051

P.12の5つの手順に従い、Part 7の英文を何度も声に出して読む速読トレーニングを行いましょう。

Check 左ページの英文を読んで、1～3の問題に答えてください。

1. 1. According to the advertisement, what is highly needed?

(A) Appealing to customers
(B) Getting a job
(C) Hiring a supporter
(D) Running a business

2. What is indicated about Starquest Agency?

(A) It is a start-up company.
(B) It is run by a former athlete.
(C) It has a good reputation.
(D) It has been advertised on TV.

3. What is NOT a stated benefit for clients?

(A) A manual is provided for self-study.
(B) A coach is assigned based on their needs.
(C) There is a complimentary session.
(D) Coaching is available for any topic.

日本語訳

たくさんの成功者がゴールを達成するためにパーソナルコーチを雇っていることを聞いたことはありますか？ パーソナルコーチの支援を受けて問題を解決することは高い需要があります。Starquest Agencyはパーソナルコーチングを専門として、ビジネスと日常生活において、顧客の可能性を高めるご支援をしています。弊社の顧客は、政治家からプロスポーツ選手、ビジネスパーソンまでにおよび、顧客の満足度は3年連続でこの業界でトップとなっています。

パーソナルコーチングは、キャリアの方向やキャリア開発、または個人的な満足感や一般的な人生の変化などすべての状況において効果的です。弊社の公認コーチは様々な経歴を持ち、あなたのニーズや目的に最もマッチした強みを持つコーチを割り当てています。コーチを雇うことに興味をお持ちであれば、ウェブサイトwww.starquestagency.com/personal.htmlにお越しいただき、弊社が提供する可能性についてより知ることや経験することができるように、無料トライアルセッションをご予約ください。

Check 日本語訳

1. 広告によると非常に必要なものは何ですか？
(A) 顧客へのアピール
(B) 就職
(C) 支援者を採用する
(D) 事業の経営

2. Starquest Agency について何が示されていますか？
(A) 新興企業である。
(B) 元アスリートが運営している。
(C) 評判が良い。
(D) テレビで宣伝されている。

3. クライアントにとっての利点として述べられていないのは何ですか？
(A) 独学用のマニュアルが用意されている。
(B) コーチはクライアントのニーズに基づいて割り当てられる。
(C) 無料のセッションがある。
(D) コーチングはどんな話題にも対応できる。

Check 解答・解説

1. 正解（**C**）

高いニーズについて読み取る。第1段落の冒頭でコーチを雇うことについて述べられ、3行目に Solving problems with the support of a personal coach is currently in high demand. と、高い需要があることがわかる。coach を supporter と言い換えている (C) が正解。

2. 正解（**C**）

Starquest Agency とはコーチングサービスを提供している会社のこと。第1段落の最後に、our satisfaction rate from clients has been the best in this industry for three consecutive years. と業界1位の満足度であると伝えられている。これを「よい評判」と言い換えている (C) が正解。

3. 正解（**A**）

利点として書かれていないことを読み取る。第2段落冒頭の Personal coaching is effective in any situation... は (D) のこと。パーソナルコーチングはどのような状況でも効果的というのは、どんなテーマ（トピック）でも受け入れ可能だから。2文目後半の we assign a coach whose strength best matches your needs and purpose. が (B) のこと。please visit our Web site... and reserve a free trial session... は (C) のこと。よって、正解は (A)。独学のためのマニュアルに関しての記述はない。

Unit 4-3

Step1 語句学習

Audio ▶ 052

本文に出てくる重要語句の音声を聞いてリピートしましょう。

1.	emphasize	～を強調する 名 emphasis（強調）
2.	persuasive	説得力がある 動 persuade（説得する） 名 persuasion（説得）
3.	whether A or B	A だとしても B だとしても
4.	greet	挨拶する
5.	entertain	～を楽しませる 名 entertainment（エンターテインメント）
6.	influence	～に影響を与える、影響
7.	equip yourself with...	あなたが～を身につける
8.	get your message across	あなたのメッセージを伝える
9.	instantly	即座に 名 instant（瞬時）
10.	drastically	劇的に =considerably、significantly

Step2 文法・構文学習

Audio ▶ 053

本文に出てくる文法や構文のツボを押さえましょう。

Whether you are a business executive, a manager who supervises people, **or** even a parent who wants to entertain a child at home, what you say definitely influences people.

あなたが経営者、人々を監督するマネージャーもしくは家で子どもを楽しませたい親だとしても、あなたが言うことは間違いなく人々に影響を与えます。

❶「～かどうか」を表す構文（1）

whether... or...（～だとしても～だとしても）

- **Please indicate whether you are a full-time employee or a temporary employee.**
（あなたが正社員であるか臨時社員であるかを示してください）
- **The board will review the proposal and decide whether to approve it or not.**（取締役会は提案を承認・決定するかどうかを検討します）
- **The board will review the proposal and decide whether or not to approve it.**
（取締役会は、承認・決定するかどうかの提案を検討します）

❷「～かどうか」を表す構文（2）

if...（～どうか）

- **I will contact the supplier to see if we can change orders (or not).**
（注文を変更できるかどうかを確認するために、サプライヤーに連絡します）
- **We need to determine if we should hire additional workers (or not).**
（さらに労働者を雇うべきかどうかを決定する必要があります）

広告

We want to emphasize the fact that the more impact your words have, the more persuasive you will be. Whether you are a business executive, a manager who supervises a small or large group of people, an event organizer who needs to greet an audience at an opening ceremony, or even a parent who wants to entertain a child at home, what you say definitely influences people. Therefore, you must equip yourself with the most powerful tool to get your message across: storytelling. It is widely used all over the world, proving its effectiveness. A world-renowned storyteller, Edward Grayson, will start an online course for storytelling. He is committed to providing the highest standard of quality. Your storytelling will change instantly and drastically to achieve what you hope to achieve. To learn more about the course, please go to his Web site at www.edwardgrayson.com/storytelling.html. Find out what the course is like!

<<<

Step3 速トレ Track ▶ 054

P.12の5つの手順に従い、Part 7の英文を何度も声に出して読む速読トレーニングを行いましょう。

Check 左ページの英文を読んで、1～3の問題に答えてください。

1. Who is the advertisement mainly intended for?

(A) People who are learning foreign languages
(B) People who plan to write novels
(C) People who want to influence others
(D) People who hope to change their jobs.

2. What is mentioned about Edward Grayson?

(A) He runs his own company.
(B) He teaches young children.
(C) He will organize an event.
(D) He specializes in storytelling.

3. What is NOT indicated in the advertisement?

(A) The service is limited to certain people.
(B) An online course will be launched.
(C) The service has a high standard of quality.
(D) The result will be immediately noticeable.

日本語訳

あなたの言葉にインパクトがあればあるほど、より説得力が増すという事実を強調したいのです。あなたが会社役員だとしても、小さなまたは大きなグループを監督するマネージャーだとしても、開会式で聴衆に挨拶をする必要があるイベント運営者だとしても、家で子どもを楽しませたい親だとしても、あなたが言うことは間違いなく人々に影響を与えます。だから、メッセージを伝える最強のツールを身につけるべきなのです。それが、ストーリーテリングです。世界中で広く使われ、効果も証明されています。世界的に有名なストーリーテラーのEdward Graysonさんが、ストーリーテリングのオンラインコースを開始します。Graysonさんが最高の品質基準を提供することを確約しています。あなたのストーリーテリングは即座にかつ劇的に変わり、達成したいことを達成できるようになります。コースについてさらに知るためには、彼のウェブサイトwww.edwardgrayson.com/storytelling.htmlへお越しください。コースがどのようなものか確認してみてください！

Check 日本語訳

1. 広告は主に誰を対象としていますか？
(A) 外国語を学んでいる人
(B) 小説を書く予定の人
(C) 他人に影響を与えたい人
(D) 転職を希望する人

2. Edward Grayson について何が述べられていますか？
(A) 自分の会社を経営している。
(B) 幼い子どもたちを教えている。
(C) イベントを企画する。
(D) ストーリーテリングを専門としている。

3. 広告に示されていないことは何ですか？
(A) サービスは特定の人に限定されている。
(B) オンラインコースが開始される。
(C) サービスは高水準の品質を備えている。
(D) 結果はすぐにわかる。

Check 解答・解説

1. 正解（**C**）

広告の対象者を特定する。冒頭から「言葉が持つインパクト」について書かれており、3行目から6行目にわたって、重役やマネージャー、親であっても what you say definitely influences people と、発言が人々に影響を与えるとある。続いてストーリーテリングの宣伝へと入るため、対象となるのは (C) の「他人に影響を与えたい人々」。

2. 正解（**D**）

Edward Grayson さんについて述べられているものを照合する。名前の直前に A world-renowned storyteller とあるため、Edward さんの専門がわかる。正解は (D)。その他の選択肢についての記述はなく、ストーリーテリングが必要な人たちの例として一部書かれているだけである。

3. 正解（**A**）

書かれていない情報を特定するために、書かれているものを消去する。本文下から8行目に「オンラインコースを始める」とあり、これが (B) のこと。その直後に「質が高い基準であること」とあるため、(C) も書かれている。さらに、続いて「あなたの話は即座にかつ劇的に変わる」とあるため、(D) を指している。サービスの対象となる人物は書かれていないため、(A) が正解。

Unit 4- 4

Step1 語句学習

Audio ▶ 055

本文に出てくる重要語句の音声を聞いてリピートしましょう。

1.	survive	生き残る
2.	competitive market	競争の激しい市場 名 competition (競争) 動 compete (競争する)
3.	in a sense	ある意味
4.	end up...	結局～となる
5.	neglect	軽視する
6.	existing customer	既存の顧客 valued client (お得意様)
7.	retain	保持する =keep 名 retention (保持)
8.	exceed one's expectations	期待を超える
9.	generate revenue	収益を上げる
10.	in alphabetical order	アルファベット順で in numerical order (番号順で)

Step2 文法・構文学習 Audio ▶ 056

本文に出てくる文法や構文のツボを押さえましょう。

❶ **No matter whether** your company is large or small, you need to survive in a competitive market.
あなたの会社の大小を問わず、競争の激しい市場で生き残る必要があります。

❷ Companies end up spending too much money, which **results in** a decrease in profit.
企業はお金を使いすぎてしまい、結果として利益が減少します。

❶ No matter～に関する表現

- No matter where **you are, you can participate in our online course.**
(どこにいても、オンラインコースに参加できます)
- No matter whether **you work in teams or independently, your communication skills are greatly important.**
(チームで作業するか、独立して作業するかに関係なく、あなたのコミュニケーションスキルは非常に重要です)

❷ 前置詞inを伴う表現

- result in **success** (成功する)
- succeed in **promotional campaigns** (販促キャンペーンに成功する)
- an increase / a decrease in **sales** (売上の増加/減少)

広告

No matter whether your company is large or small, you need to survive in a competitive market with your products or service. Most advertisements are designed to attract potential customers. They may seem effective in a sense. However, often times companies end up spending too much money, which results in a decrease in profit. At the same time, they do not notice that they are neglecting their existing customers.

Leed Institute's service focuses on retaining existing customers. We will help generate revenue for your organization by helping you keep existing customers impressed with your products and exceed their expectations. Our 5th annual advertising seminar provides information about how we have helped a wide variety of companies. In the enclosed brochure, we have some comments from our clients from various industries. The industries are listed in alphabetical order. Further information will be provided in the seminar.

<<<

Step3 速トレ Audio ▶ 057

P.12の5つの手順に従い、Part 7の英文を何度も声に出して読む速読トレーニングを行いましょう。

Check 左ページの英文を読んで、1～3の問題に答えてください。

1. What is mentioned in the information?

(A) Some advertisements are poorly designed.
(B) Appealing to new customers is not cost-effective.
(C) Existing customers complain about service.
(D) Small companies are not competitive enough.

2. What is suggested about Leed Institute?

(A) It introduces potential customers.
(B) It has clients throughout the country.
(C) It specializes in specific industries.
(D) It has held seminars multiple times before.

3. What is written in the brochure?

(A) Updated services
(B) Design samples
(C) Feedback from clients
(D) A summary of an event

日本語訳

あなたの会社が大きいか小さいかにかかわらず、製品やサービスで競争の激しい市場で生き残る必要があります。ほとんどの広告は潜在的な顧客を引き付けるためにデザインされています。それらはある意味効果的に見えるかもしれません。しかし、多くの場合、会社は結局お金を使いすぎることになり、結果として利益の減少となります。同時に、既存の顧客を軽視していることにも気づきません。

Leed Instituteのサービスは、既存の顧客を維持することに重点を置いています。既存の顧客にあなたの製品に感銘を与え、彼らの期待を超えることを支援することによって、私たちは組織の収益を生み出すのを支援します。第5回年次広告セミナーでは、どのように私たちが様々な会社のお役に立ってきたかについての情報を提供します。添付のパンフレットに、様々な業界の顧客からのコメントが掲載されています。そこでは、業界はアルファベット順に記載されています。さらに詳しい情報は、セミナーで提供します。

Check 日本語訳

1. 情報には何が述べられていますか？
(A) 一部の広告はデザインが不十分である。
(B) 新規顧客へのアピールは費用対効果が高くない。
(C) 既存の顧客がサービスについて不満を言っている。
(D) 中小企業は十分な競争力を持っていない。

2. Leed Institute について何が示唆されていますか？
(A) 潜在的な顧客を紹介する。
(B) 全国に顧客がいる。
(C) 特定の業界に特化している。
(D) これまで複数回セミナーを開催してきた。

3. パンフレットには何が書かれていますか？
(A) 最新のサービス
(B) デザインのサンプル
(C) 顧客からのフィードバック
(D) イベントの概要

Check 解答・解説

1. 正解 **(B)**

第 1 段落に「潜在的な顧客を引き付ける広告」について説明があり、However に続いてお金をかけすぎて results in a decrease in profit と利益を下げる結果となることが伝えられている。これを一言でまとめた (B) の「新しい顧客に訴えかけるのは費用対効果が高くない」が正解。

2. 正解 **(D)**

Leed Institute については第 2 段落に書かれている。5 行目に Our 5th annual advertising seminar とあることからも、過去にも開催されていると判断できる。よって、開催回数を multiple times（複数回）と言い換えている (D) が正解。

3. 正解 **(C)**

パンフレットに書かれている内容に関する記述を読み取る。第 2 段落 8 行目に In the enclosed brochure, we have some comments from our clients from various industries. と、クライアントのコメントが掲載されているとある。comments を feedback と言い換えた (C) が正解。

Unit 4- 5

Step1 語句学習

Audio ▶ 058

本文に出てくる重要語句の音声を聞いてリピートしましょう。

1.	botanical garden	植物園
2.	in operation	営業して
3.	alike	同様に
4.	continent	大陸
5.	hands-on	実践的な
6.	vary	異なる 名 variation（種類） 形 various（様々な）
7.	according to...	～によって
8.	no later than	～までに =by（～までに）、before（～の前に）
9.	house	～を備えている
10.	enrich	～を豊かにする

Step2 文法・構文学習 Audio ▶ 059

本文に出てくる文法や構文のツボを押さえましょう。

❶ The garden is the nation's oldest botanical garden, in operation for **more** than a century, serv**ing** as an oasis for local people and tourists alike.

その庭園は、1 世紀以上にわたって運営されている、国内最古の植物園であり、地元の人々や観光客のオアシスとして機能しています。

❷ We will offer a wide variety of courses, rang**ing** from hands-on workshops, guided tours in the National Park, to programs intended for school children.

体験型ワークショップから国立公園でのガイド付きツアー、学童向けのプログラムまで、様々なコースを私たちは提供します。

広告

❶ 情報を追加する際の分詞

- **We offer services to various industries, ranging from medical institutions to airline companies.**

（医療機関から航空会社まで、様々な業界にサービスを提供しています）

- **The store introduced an online order system, resulting in an increase in sales.**

（その店はオンライン注文システムを導入し、売り上げを伸ばしました）

❷ more / lessはその後に続く数字は含まないことに注意

- **Employees who have worked for more than 10 years are eligible for a bonus.**

（10年を超えて［11年以上］勤務している従業員はボーナスの対象となります）

- **All of our staff members speak more than one language.**

（スタッフ全員が1を超える［複数の］言語を話します）

- **We only have less than 10 days until the presentation.**

（発表まであと10日未満です）

The Fines Botanical Garden

The Fines Botanical Garden is the nation's oldest botanical garden, in operation for more than a century, serving as an oasis for locals and tourists alike. We display plants from all continents, and we are currently featuring unique flowers from Zambia.

As a summer program, we will offer a wide variety of courses for all ages, ranging from hands-on workshops, guided tours in the National Park, to programs intended for school children. To learn about all of the courses, please visit our Web site at www.finesbotanicalgdn.com. Please note that fees vary according to the level and length of courses. Registration must be completed no later than July 25.

Also, our shop houses a huge selection of plants for purchase to enrich your rooms and gardens, as well as the finest gardening tools. You can get advice from our experienced gardeners for free!

We are open from 9:30 A.M. to 9:00 P.M. The light show begins at 7:00 P.M.

<<< **Step3** 速トレ **Audio ▶ 060**

P.12の5つの手順に従い、Part 7の英文を何度も声に出して読む速読トレーニングを行いましょう。

Check 左ページの英文を読んで、1～3の問題に答えてください。

1. What is special about the Fines Botanical Garden?

(A) It has the longest history of its kind in the country.
(B) It was designed by a famous architect.
(C) It was relocated recently.
(D) It provides virtual tours on its Web site.

2. What is NOT mentioned about the Fines Botanical Garden?

(A) It was founded over 100 years ago.
(B) It offers professional advice for a nominal fee.
(C) It exhibits plants from all over the world.
(D) It has a special display in the evening.

3. According to the advertisement, what is suggested about the summer program?

(A) Fees for children are lower.
(B) Some of the courses are fully booked.
(C) Some activities will be held outdoors.
(D) The duration of courses is the same.

日本語訳

Fines植物園

Fines植物園はこの国で最も古い植物園で、1世紀以上にわたって営業しており、地元の人々と同様に観光客にとってもオアシスの役目を果たしています。すべての大陸からの植物を展示しており、現在はザンビアに固有の花を特集しています。

夏のプログラムとして、すべての年齢を対象として、実践的なワークショップ、国立公園でのガイド付きツアーから、学校の生徒を対象としたプログラムまで様々なコースを提供します。すべてのコースについて知るには、www.fines-botanicalgdn.comのウェブサイトをご覧ください。料金はコースのレベルや期間によって異なりますのでご注意ください。申し込みは7月25日までに完了してください。

また、店舗では部屋や庭を彩るための豊富な種類の植物が購入でき、最高品質のガーデニングツールを扱っております。経験豊富な庭師から、無料でアドバイスを受けられます。

営業時間は、午前9時30分～午後9時です。ライトアップは午後7時から始まります。

Check 日本語訳

1. Fines 植物園の何が特別なのですか？
(A) 国内で最も長い歴史がある。
(B) 有名な建築家によって設計された。
(C) 最近移転した。
(D) Web サイトでバーチャルツアーを提供している。

2. Fines 植物園について述べられていないことは何ですか？
(A) 100 年以上前に設立された。
(B) わずかな料金で専門家のアドバイスを提供する。
(C) 世界中の植物を展示している。
(D) 夕方には特別展示がある。

3. 広告によると、サマープログラムについて何が示唆されていますか？
(A) 子供料金はより安い。
(B) コースの一部は満席である。
(C) 屋外で行われる活動もある。
(D) コースの期間は同じである。

Check 解答・解説

1. 正解（**A**）

植物園の特徴について読み取る。第 1 段落冒頭に The Fines Botanical Garden is the nation's oldest botanical garden と「国内で最も古い植物園」であることがわかる。よって「最長の歴史」と言い換えている (A) が正解。

2. 正解（**B**）

本文に書かれているものを 1 つずつ消去する。第 1 段落の 2 行目に in operation for more than a century とあるので、(A) は述べられている。また、同じ段落にある plants from all continents は (C) のこと。そして、この文章の最後の The light show に関する文が (D) のこと。よって、正解は (B)。第 3 段落にアドバイスについての記述はあるが、nominal fee（わずかな料金）ではなく for free（無料）とある。

3. 正解（**C**）

第 2 段落に書かれている夏のプログラムに関する内容を読み取る。コース内容に、guided tours in the National Park とあり、公園へ行くことがわかる。これを指している (C) の「活動は外で行われる」が正解。

Unit 4- 6

Step1 語句学習

Audio ▶ 061

本文に出てくる重要語句の音声を聞いてリピートしましょう。

1.	landscaping	造園
2.	enhance	向上させる = improve 名 enhancement (向上)
3.	property	物件、不動産
4.	award-winning	受賞経験がある
5.	dedicated	熱心な 名 dedication (献身)
6.	tailor	調整する
7.	a large number of...	多数の～ a large amount of...(大量の～)
8.	in progress	進行中の
9.	duration	期間 =period、length
10.	draw up a plan	計画を立てる

Step2 文法・構文学習

Audio ▶ 062

本文に出てくる文法や構文のツボを押さえましょう。

❶ A dedicated team will **make your office more attractive**!
熱心なチームがあなたのオフィスをより魅力的にします！

❷ They will give you instructions on how to **keep your garden beautiful** upon completion of the project.
プロジェクトの完了時、あなたの庭を美しく保つ方法について彼らはあなたに指示を与えます。

広告

❶ make の使い方

make ［目的語］［形容詞］（［目的語］を［形容詞］の状態にする）
make ［目的語］［前置詞句］（［目的語］を［副詞／前置詞句］の状態にする）

- **make your speech short**（スピーチを短くする）
- **make the process easy**（プロセスを簡単にする）
- **make the transition smooth**（移行をスムーズにする）
- **make yourself at home**（くつろぐ＝家にいる状態にする）

❷ leave の使い方

leave ［目的語］［形容詞／**ing**］（［目的語］を［形容詞／**ing**］の状態のままにする）
leave ［目的語］［副詞／前置詞句］（［目的語］を［前置詞句］の状態のままにする）

- **leave the door open**（ドアを開けたままにする）
- **leave the water running**（水を出しっぱなしにする）
- **leave the light on**（電気をつけたままにする）
- **leave the file on the desk**（ファイルを机の上に置いたままにする）

https://www.brandmarklandscaping.com 

SERVICES | PHOTOS | STAFF | CONTACT

Brand Mark Landscaping

Brand Mark Landscaping has been in business in Stanton for over five decades, offering extensive knowledge and advanced skills. As Jacob Wright, our founder, was born here in Stanton, we are committed to enhancing the beauty of properties in the area to a level that will exceed your expectations. The Citizen Garden of the city hall is one of our award-winning designs.

A dedicated team will tailor our services to meet your needs and budget, and make your home or office more attractive! We have a large number of photos of landscaping work that is in progress as well as various before-and-after pictures. Please click the PHOTOS tab above for inspiration!

Options include a one-time consultation, regular maintenance, or a complete landscape design upon the completion of your property. The duration of work varies with each project, but our experienced landscapers will draw up a clear plan after the initial meeting. They will also give you instructions on how to keep your garden beautiful upon completion of the project.

<<< **Step3 速トレ** Audio ▶ 063

P.12の5つの手順に従い、Part 7の英文を何度も声に出して読む速読トレーニングを行いましょう。

Check 左ページの英文を読んで、1～3の問題に答えてください。

1. Who is Jacob Wright?

(A) A designer
(B) A customer
(C) The founder of a company
(D) The mayor of a city

2. What is NOT indicated about Brand Mark Landscaping?

(A) It has won multiple awards.
(B) It provides services to commercial properties.
(C) It has expanded its business internationally.
(D) It provides photos that customers can compare.

3. What is true about the landscaping services?

(A) The cost is based on the duration of work.
(B) Only high quality materials are used.
(C) Long-term contracts are discounted.
(D) Tips on maintenance are provided.

日本語訳

https://www.brandmarklandscaping.com
サービス　／　写真　／　スタッフ　／　連絡先
Brand Mark造園

Brand Mark造園は、豊富な知識と最先端のスキルを持ち、スタントン地域で50年以上にわたって営業しています。弊社の創立者であるJacob Wrightはここスタントンで生まれました。地域の物件の美しさをみなさまの期待以上のレベルに向上させることに尽力しています。市役所の市民ガーデンは、受賞経験のあるデザインの1つです。

熱心なチームがみなさんのニーズや予算に合わせてサービスを組み、家やオフィスをより魅力的なものにします！　様々な建物に関して、進行中の造園作業やビフォーアフターの写真が大量にあります。インスピレーションを得るために、上の「写真」のタブをクリックしてください。

オプションに含まれるのは、1回の相談、定期メンテナンス、建物を建てる際の総合景観デザインです。作業期間はそれぞれのプロジェクトによって変わりますので、経験豊富な造園家が初回の打ち合わせのあとに明確な計画を立てます。また、プロジェクト完了時には、庭を美しく保つための説明をいたします。

Check 日本語訳

1. Jacob Wright とは誰ですか？
(A) デザイナー
(B) 顧客
(C) 会社の創設者
(D) 市長

2. Brand Mark 造園について示されていないことは？
(A) 複数の賞を受賞している。
(B) 商用の不動産にサービスを提供している。
(C) 国際的に事業を拡大している。
(D) 顧客が比較できる写真を提供している。

3. 造園サービスについて何が正しいですか？
(A) 費用は作業期間に基づいている。
(B) 高品質素材のみを使用している。
(C) 長期契約は割引される。
(D) メンテナンスのヒントが提供される。

Check 解答・解説

1. 正解（**C**）

冒頭で Brand Mark Landscaping の説明の後、As Jacob Wright, our founder と続いている。よって、Brand Mark Landscaping の創設者だとわかるため、正解は (C)。

2. 正解（**C**）

書かれているものを消去していく。第 1 段落の最後にある one of our award-winning designs から、複数の受賞経験があることがわかるため、(A) は書かれている。第 2 段落 2 行目にある make your home or office more attractive! とある office を commercial properties（商用の不動産）と言い換えている (B) も消去。また、第 2 段落 5 行目で、写真について before-and-after pictures とあり、これは前後の比較のための写真のため (D) も書かれている。よって、書かれていないのは (C) の「国際的に事業を拡大している」。

3. 正解（**D**）

第 3 段落の後半に They will also give you instructions on how to keep your garden beautiful upon completion of the project. とあり、アフターケアの仕方の指示があることが伝えられている。これを言い換えている (D)「メンテナンスのヒントが提供される」が正解。

Column 4 スコアアップのカギはPart 7にアリ！

本書で行っている学習は、Part 7のみに効果的なわけではありません。Part 5（短文穴埋め問題）で出題される30問は、文法や語彙の知識を問うものですが、そこで問われる文法や語彙はPart 7で使われるものがほとんどです。「ここに名詞があるからその前は形容詞か」とか「ここは受動態の関係になるから、分詞はedだな」など、パズルのように文法問題を解くことが苦手な方にとっては、Part 7で大量の英文にふれるなかで、「何となくこれかな」という文法の感覚を身につけることができます。「何となく」の感覚がつくと、文法を学ぶ時にスムーズに理解できます。

また、Part 6（長文穴埋め問題）のタスクは空欄穴埋めですが、そのためには文書を読む必要があります。この読み方は、Part 7の読み方と全く同じです。冒頭で目的・概要が述べられ、詳細に入っていくため、Part 7の本文を読む力がつくにつれて、それは自然とPart 6の英文を読む力にもなります。また、Part 6の文書は80～120ワード程度と短いため、Part 7よりもはるかに読みやすい文書なのです。1セット4問の中に入っている文選択問題が苦手な方もいらっしゃるかもしれません。しかし、文選択問題は本書を通して磨いている「話の展開を読み取るスキル」がそのまま生かせます。

さらに、文字だけの学習ではなく、音声を使ったシャドーイングを行っていることからも、音声を処理するリスニングスキルも磨かれています。今行っている学習が、スコアアップ一直線であることがイメージできるでしょう。

Unit 5

記事

Unit 5- 1

Step1 語句学習

Audio ▶ 064

本文に出てくる重要語句の音声を聞いてリピートしましょう。

1.	statistics	統計 =data
2.	in cooperation with...	～と協力して
3.	well-known	有名な =famous、renowned
4.	neuroscientist	神経科学者
5.	publish	出版する 名 publication（出版）
6.	to the fullest	最大限まで
7.	in addition to...	～に加えて
8.	productivity	生産性 動 produce（生産する） 形 productive（生産的な）
9.	take place	開催される
10.	registration	登録 動 register（登録する）

Step2 文法・構文学習

Audio ▶ 065

本文に出てくる文法や構文のツボを押さえましょう。

In cooperation with a well-known neuroscientist, Paula McDonald has written a book on brain training.
有名な神経科学者と協力して、ポーラ・マクドナルドは脳のトレーニングに関する本を書きました。

TOEICに頻出する前置詞句

- **The mayor has decided to work** in cooperation with **local businesses.**
（市長は地元企業と協力して仕事をすることを決定しました）
- **Factory workers are required to act** in compliance with **the safety guidelines.**
（工場労働者は安全ガイドラインに従って行動することが求められます）
- **Ms. Lindsay will deliver a speech** on behalf of **the company.**
（リンゼーさんは会社を代表してスピーチをします）
- **We have to get ready for sale** in time for **the holiday season.**
（休暇シーズンに間に合うように、セールの準備をしなくてはなりません）
- **The project will be implemented** under the direction of **a world-famous designer.**
（プロジェクトは世界的に有名なデザイナーの指揮のもとで実施されます）

記事

Are you tired of forgetting things all the time? Statistics indicate that three out of five people aged 35 feel it is getting more difficult to remember people's names and past events. Now is the time to do something about it! In cooperation with a well-known neuroscientist, Paula McDonald has written a book on brain training titled Brain Power, published by Galaxy Books. Brain Power focuses on developing your brain's potential to the fullest. According to Ms. McDonald, the training works for people of all ages. In addition to improving memory, it enhances skills that increase productivity, such as note-taking and brainstorming. Ms. McDonald will start her workshop tour in New York on September 1 and go on to visit 20 more locations. A book signing will take place after each workshop. Please note that advance registration is required to attend a workshop. Visit the publisher's Web site, www.galaxybooks.com, for registration and further information.

<<< **Step3** 速トレ Audio ▶ 066

P.12の5つの手順に従い、Part 7の英文を何度も声に出して読む速読トレーニングを行いましょう。

Check 左ページの英文を読んで、1～3の問題に答えてください。

1. What is the topic of the article?

(A) New findings about the brain
(B) The opening of a bookstore
(C) A talk by a neuroscientist
(D) A recent publication

2. According to the article, what is the training beneficial for?

(A) Practicing public speaking
(B) Coming up with ideas
(C) Learning a language
(D) Getting a new job

3. What is NOT stated in the article?

(A) There is a digital edition of Brain Power.
(B) Paula McDonald will visit multiple places.
(C) Autograph sessions will follow the workshops.
(D) Registration is available online.

日本語訳

物忘れをし続けることにうんざりしていませんか？　統計によると35歳の5人に3人が、人々の名前や過去の出来事について思い出すのが難しくなってきていると感じています。それをどうにかするなら今です！　有名な神経科学者と協力して、Paula McDonald氏が『Brain Power』というタイトルの脳トレーニングに関する本を執筆し、Galaxyブックスから出版されました。『Brain Power』は脳の潜在能力を最大限に開発することに焦点を当てています。McDonald氏によると、トレーニングはあらゆる年齢に効果があるようです。記憶力を改善することに加え、トレーニングでは、ノートを取ることやブレインストーミングなど生産性を高めるスキルを向上させます。McDonald氏は9月1日のニューヨークからワークショップツアーを始め、その後20カ所を訪問します。各ワークショップの後、本のサイン会が行われます。ワークショップに参加するには、事前登録が必要となるのでご注意ください。登録や詳細情報は出版社のウェブサイトwww.galaxybooks.comをご覧ください。

Check 日本語訳

1. 記事のトピックは何ですか？
- (A) 脳に関する新しい発見
- (B) 書店の開店
- (C) 神経科学者による講演
- (D) 最近の出版物

2. 記事によると、トレーニングは何に有益ですか？
- (A) 人前でのスピーチの練習
- (B) アイディアを思いつくこと
- (C) 言語を学ぶこと
- (D) 新しい仕事を得ること

3. 記事に述べられていないことは何ですか？
- (A) *BrainPower* の電子版がある。
- (B) Paula McDonald は複数の場所を訪問する。
- (C) サイン会はワークショップの後に行われる。
- (D) オンラインで登録が可能である。

Check 解答・解説

1. 正解 **(D)**

冒頭で記憶に関する記述があり、6 ～ 9 行目で Ms. Paula McDonald が脳トレーニングに関する本を出版したことが伝えられている。よって、トピックは (D) の「最近の出版物」。book を publication（出版物）と言い換えている。その後、本の内容や出版に伴うワークショップに関する情報が続いているが、イベントは neuroscientist によるものではないため (C) は不可。

2. 正解 **(B)**

トレーニングの利点を読み取る。10 行目の In addition to improving memory 以降で、トレーニングにより得られることが書かれている。最後にある brainstorming は「アイデアを出し合いながら、新しいアイデアを生み出すこと」を意味し、これを言い換えている (B) の「アイデアを思いつくこと」が正解。

3. 正解 **(A)**

12 行目の Ms. McDonald will start her workshop tour in New York... go on to visit 20 more locations と、ニューヨーク以降、20 カ所訪問することが書かれており、これが (B) のこと。すぐ後に A book signing will take place after each workshop. とワークショップの後にサイン会が開催されるため、(C) も書かれている。そして、最後に Visit the publisher's Web site...for registration とウェブサイトでの登録へと促しており、これが (D) のことを指している。正解は (A)。デジタル版の記述はない。

記事

Unit 5- 2

Step1 語句学習 Audio ▶ 067

本文に出てくる重要語句の音声を聞いてリピートしましょう。

1.	popularity	人気 形 popular（人気の）
2.	authentic	本場の、本物の
3.	be featured	特集される
4.	be impressed by...	～に感銘を受ける
5.	tasteful atmosphere	上品な雰囲気
6.	in a courteous manner	丁寧な態度で
7.	overall	全体として
8.	strongly encourage	強く勧める
9.	be packed	混んでいる =be crowded
10.	business hours	営業時間

Step2 文法・構文学習

Audio ▶ 068

本文に出てくる文法や構文のツボを押さえましょう。

❶ **Although** we visited the restaurant on a Saturday, I noted that all the servers treated customers in a courteous manner.

ある土曜日にレストランを訪れましたが、すべての給仕担当者がお客様を丁寧に扱っていることに気づきました。

❷ I was satisfied with **what** the restaurant had to offer.

私はレストランが提供するものに満足しました。

❶ 逆接（～にもかかわらず、～だけれど）を表す接続詞：although / even though

even thoughはalthoughを強調したもので、意味や使い方は同じです。

Although / Even though it is expensive, the product is selling well.

（高いにもかかわらず、その製品はよく売れています）

❷ 逆接（～にもかかわらず、～だけれど）を表す前置詞：despite / in spite of

Despite / In spite of the heavy rain, there was no delay in public transportation.

（大雨にもかかわらず、公共交通機関に遅れはありませんでした）

❸ 関係代名詞のwhat

関係代名詞のwhatは、先行詞（名詞）＋関係代名詞（the thing which）をまとめる役割を持ちます。

what... = the thing which...

- I can't understand what you are talking about.

（あなたが話していることが理解できません）

- Please check what we have to offer.

（私たちがオファーしているものをチェックしてください）

記事

The Restaurant of the Month

—Dai Wa Dining—

by Alex Rogers

As you know, the popularity of Japanese food continues to grow. The Restaurant of the Month is Dai Wa Dining, which serves authentic Japanese food. The restaurant has been featured in several magazines. I was impressed by the tasteful atmosphere and friendly service. Although we visited the restaurant at a busy time on Saturday, I noted that all the servers treated customers in a courteous manner. Unfortunately, the table was a little too small for six people, so I wouldn't recommend holding a business lunch for a large group there. But overall, I was satisfied with what the restaurant had to offer. I strongly encourage you to book a table in advance, because the restaurant is always packed.

Dai Wa offers a live concert by local Japanese musicians every Friday evening. Next time I'll definitely visit the restaurant on a concert night. Business hours are 10:00 A.M. to 10:00 P.M., Monday to Saturday. Dai Wa is closed on Sunday.

<<< **Step3** 速トレ Audio ▶ 069

P.12の5つの手順に従い、Part 7の英文を何度も声に出して読む速読トレーニングを行いましょう。

Check 左ページの英文を読んで、1～3の問題に答えてください。

1. What is indicated about Dai Wa Dining?

(A) Its chef is from Japan.
(B) It has multiple locations.
(C) It has appeared in some periodicals.
(D) It has been in business for a long time.

2. What is suggested in the article?

(A) Alex Rogers enjoyed a live concert at the restaurant.
(B) The restaurant is suitable for a small group.
(C) The restaurant's hours have changed recently.
(D) Lunchtime is less crowded than other times.

3. The word "packed" in paragraph 1, line 14, is closest in meaning to

(A) stored
(B) compacted
(C) wrapped
(D) crowded

日本語訳

今月のレストラン——Dai Waダイニング——Alex Rogers

ご存じのように、日本食の人気は高まり続けています。今月のレストラン、Dai Waダイニングでは、本場の日本食を提供しています。当店はいくつかの雑誌でも特集されています。私はレストランの上品な雰囲気と心のこもったサービスに感銘を受けました。土曜日の忙しい時間帯に入店したにもかかわらず、すべての店員がお客に丁寧に接しているのに気づきました。残念ながら、テーブルは6人には小さすぎたため、大人数でのビジネスランチを開くことはお勧めしません。しかし、全体としてレストランが提供するものに満足しました。また、Dai Waはいつも混んでいるため、事前に席を予約されることを強くお勧めします。

毎週金曜日の晩には地元の日本人ミュージシャンによるライブコンサートを開いています。次回はぜひコンサートの開かれる夜にレストランを訪れたいと思います。営業時間は、月曜日から土曜日までの午前10時から午後10時です。Dai Waは日曜日が休業日となります。

Check 日本語訳

1. Dai Wa ダイニングについて何が示されていますか？
(A) シェフは日本から来た。
(B) 複数の店舗がある。
(C) いくつかの定期刊行物に掲載されている。
(D) 長い間営業してきた。

2. 記事で何が示唆されていますか？
(A) Alex Rogers はレストランでライブコンサートを楽しんだ。
(B) レストランは少人数グループに適している。
(C) レストランの営業時間は最近変更された。
(D) ランチタイムは他の時間より混雑していない。

3. 第 1 段落・14 行目にある packed に最も意味が近いのは
(A) 保存されて
(B) 圧縮されて
(C) 包装されて
(D) 混雑して

Check 解答・解説

1. 正解 **(C)**

Dai Wa ダイニングに関して書かれていることを読み取る。第 1 段落 3 ～ 4 行目に、「いくつかの雑誌で特集されている」とある。これを言い換えているのが (C)。periodicals（定期刊行物）は magazines の言い換えである。(A) にあるシェフの情報や、(B) の店舗数、(D) の営業年数に関する記述はない。

2. 正解 **(B)**

第 1 段落 8 行目の Unfortunately（残念ながら）に続いて「テーブルは 6 人には小さすぎたため、大人数でのビジネスランチはお勧めしない」と述べている。つまり「少人数向き」であることがうかがえるため、正解は (B)。(A) のライブは金曜日であり、Rogers 氏がレストランに行ったのは土曜日とあるため不正解。(C) については、レストランの営業時間についての記述は最後にあるが「最近営業時間が変更になった」という情報はどこにもない。(D) は第 1 段落 13-14 行目に the restaurant is always packed とあるので、正解にはならない。

3. 正解 **(D)**

第 1 段落 14 行目の packed と置き換えられる単語を選ぶ。the restaurant is always packed とは「レストランはいつも込んでいる」を意味するため、正解は (D) の crowded（混雑している）。

Unit 5- 3

Step1 語句学習

Audio ▶ 070

本文に出てくる重要語句の音声を聞いてリピートしましょう。

1.	Tokyo-based	東京に本社を置く
2.	home appliance	家電製品 =home electronics
3.	consequently	その結果 as a result (結果として)
4.	smooth transition	スムーズな移行
5.	team up with...	～と提携する =partner with... (～と提携する)
6.	be involved in...	～に関わっている =be engaged in...
7.	struggle to...	～に悪戦苦闘する
8.	compete with...	～と競争する 名 competition (競争) 形 competitive (競争の激しい)
9.	strengthen	強める 名 strength (強さ) 形 strong (強い)
10.	remain competitive	競争力を維持する

Step2 文法・構文学習

Audio ▶ 071

本文に出てくる文法や構文のツボを押さえましょう。

❶ While reducing the production cost, it is **expected** to create more than 2,000 jobs for local labor.

生産コストを削減する一方で、地元の労働者のために 2,000 人以上の雇用を創出すると予想されています。

❷ The construction is scheduled to begin next month with an **expected** completion date of December 1 next year.

工事は来月に着工し、完成予定日は来年 12 月 1 日です。

❶ 予想に関する動詞

- **People** expect **that the new smartphone model will be put on the market in two months.**

  （人々は新しいスマホモデルが2カ月したら発売されると予想しています）

- **We** anticipate **that sales will increase.**

  （私たちは売り上げが上がることを予想しています）

- **Some economists** predict **that the economy will get better soon.**

  （何人かの経済学者は、経済が間もなくよくなると予想しています）

❷ 予定／予想を示す分詞表現

- expected **time of arrival**（到着予定時刻）
- estimated **cost**（見積もられたコスト）
- anticipated **profit**（見込まれる利益）

記事

October 10—Harns Electronics, the Tokyo-based home appliance manufacturer, has announced it will construct a new manufacturing plant in Vietnam. The construction is scheduled to begin early next month with an expected completion date of December 1 next year. Production of Harns' refrigerators, microwaves, and washing machines will be moved to the new factory. Consequently, while reducing the production cost, it is expected to create more than 2,000 jobs for local labor.

To make a smooth transition, Harns Electronics has agreed to team up with Viet Electron, a Vietnamese manufacturer. A spokesperson for Harns Electronics reported that a Japanese company will lead the construction, but some Vietnamese companies will also be involved in the project.

Harns Electronics has been struggling to compete with other home appliance manufacturers over the past decade. Industry analysts predict that the new factory will strengthen its presence in Asia, and help it remain competitive in the international market.

<<<

Step3 速トレ Audio ▶ 072

P.12の5つの手順に従い、Part 7の英文を何度も声に出して読む速読トレーニングを行いましょう。

Check 左ページの英文を読んで、1～3の問題に答えてください。

1. What is the article mainly about?

(A) An upcoming merger
(B) The relocation of a headquarters
(C) The construction of a facility
(D) A trend in the home appliance industry

2. What is NOT indicated in the article?

(A) Multiple companies are involved in the project.
(B) Harns Electronics has factories in other countries.
(C) Harns Electronics will hire local workerss.
(D) The headquarters of Harns Electronics is in Tokyo.

3. What do industry analysts mention about Harns Electronics?

(A) It will compete with Japanese manufacturers.
(B) It will influence changes in other industries.
(C) It will withdraw a product from the market.
(D) It will expand its presence in a region.

日本語訳

10月10日－東京に本社を置く家電メーカーのHarns Electronicsは新しい製造工場をベトナムに建設することを発表しました。建設は来月早々に始まる予定で、完成予定日は来年12月1日です。Harnsの冷蔵庫、電子レンジ、洗濯機の製造は新しい工場に移ります。結果として、製造コストを削減しながら、現地の労働者に2000以上の仕事を創出できる予定です。

スムーズな移行をするために、Harns Electronicsは、ベトナムのメーカーのViet Electronとの提携に合意しました。Harns Electronicsの広報担当者の発表では、日本の会社が建設を主導するものの、ベトナムの会社が数社プロジェクトに関わるとのことです。

Harns Electronicsは過去10年間、他の家電メーカーとの競争に悪戦苦闘してきました。業界アナリストは、新しい工場はアジアでの存在感を強め、国際市場での競争力を維持するのに役立つだろうと予想しています。

Check 日本語訳

1. 主に何についての記事ですか？
(A) 今後の合併
(B) 本社の移転
(C) 施設の建設
(D) 家電業界の動向

2. 記事に示されていないものは何ですか？
(A) 複数の企業がプロジェクトに関与している。
(B) Harns Electronics は他の国に工場を持っている。
(C) Harns Electronics は現地の労働者を雇用している。
(D) Harns Electronics の本社は東京にある。

3. 業界アナリストは Harns Electronics について何を述べていますか？
(A) 日本のメーカーと競合する。
(B) 他の業界の変化に影響する。
(C) 製品を市場から撤退させる。
(D) 地域での存在感を増す。

Check 解答・解説

1. 正解（**C**）

記事の概要が問われているため、冒頭を読み取る。家電メーカーが、has announced it will construct a new manufacturing plant in Vietnam. とあるため、正解は (C) の「施設の建設」。

2. 正解（**B**）

書かれているものを消去する。第 1 段落冒頭に Harns Electronics, the Tokyo-based home appliance manufacturer とあり、本社が東京にあることがわかるため (D) は書かれている。また、第 1 段落の最後に it is expected to create more than 2,000 jobs for local labor. とあり、地元の人々への仕事が創出されるため、(C) も書かれている。さらに第 2 段落の最後に some Vietnamese companies will also be involved in the project とあり、複数の会社が関わっていることがわかる。これが (A) のことである。書かれていないのは (B) の Harns Electronics は外国に工場がある、である。

3. 正解（**D**）

industry analysts（業界アナリスト）の発言を読み取る。第 3 段落に Industry analysts predict... と予想している内容にふれ、the new factory will strengthen its presence in Asia と、Harns Electronics が作る新しい工場が「アジアでの存在感を強める」とある。これを「地域の存在感を拡大する」と言い換えた (D) が正解。

Unit 5- 4

Step1 語句学習

Audio ▶ 073

本文に出てくる重要語句の音声を聞いてリピートしましょう。

1.	freezing	ひどい寒さの
2.	daily routine	日課
3.	run	経営する =own（所有する）
4.	in close proximity to...	〜のすぐ近くに
5.	health-conscious	健康志向の consciousは「意識する」という意味
6.	prompt	駆り立てる =encourage（促す）
7.	locally grown	地元で育てられた
8.	plant seeds	種をまく
9.	be occupied	使用されて 名 occupation（占領）
10.	disturb	邪魔をする 名 disturbance（邪魔）

Step2 文法・構文学習

Audio ▶ 074

本文に出てくる文法や構文のツボを押さえましょう。

❶ It serves a wide selection of healthy dishes with organic and **locally grown vegetables.**

有機野菜や地元産の野菜を使ったヘルシーな料理を幅広く提供しています。

❷ **Prior to** his current job as a restaurant owner, he was a farmer.

レストランのオーナーとしての彼の現在の仕事の前は、彼は農夫でした。

❶ 副詞＋分詞（形容詞）＋名詞の表現

「最近出版された本（newly published book）」のように、副詞＋分詞（形容詞）＋名詞の表現はよく使われます。名詞と分詞の関係が受動態の関係（book was published）になっていることにも注目してください。TOEICのPart 5の問題としても頻出します。

- **locally grown vegetables**（地元で育てられた野菜）
- **highly recommended service**（非常にオススメのサービス）
- **recently appointed director**（最近任命されたディレクター）
- **newly launched product**（新しく発売された製品）

❷ 前後を示す前置詞表現

Prior to = Before（～の前）

- Prior to **the meeting, the agenda will be distributed to all attendees.**
  （会議の前に、議題が全出席者に配付されます）

Following = After（～の後）

- Following **the seminar, we will move to the reception hall.**
  （セミナーの後、私たちはレセプションホールへ移動します）

On a freezing morning, a man in a light-blue jacket is drinking coffee at B.B. Beans. This is his daily routine. He is Matthew Lopez, who runs the restaurant. B.B. Beans is located in close proximity to the city hall and has a good reputation with health-conscious customers.

Prior to his current job as a restaurant owner, he was a farmer. His interest was not only growing vegetables, but also serving them to people. This prompted him to open the restaurant. Not only does it serve a wide selection of healthy dishes with organic and locally grown vegetables, but the menu varies from season to season. Surprisingly, he designed the restaurant himself and paid attention to every detail. The interior walls are decorated with traditional farmers' clothes, and he placed tables with a comfortable amount of space between them like he did when he planted seeds. Even during peak hours when all seats are occupied, diners are not disturbed by closeness to others.

<<< **Step3** 速トレ Audio ▶ 075

P.12の5つの手順に従い、Part 7の英文を何度も声に出して読む速読トレーニングを行いましょう。

Check 左ページの英文を読んで、1～3の問題に答えてください。

1. What is the purpose of the article?

(A) To advertise a new restaurant
(B) To profile a businessperson
(C) To inform about a historical event
(D) To analyze survey results

2. What is suggested in the article?

(A) Mr. Lopez will move to a new location.
(B) B.B. Beans serves only vegetarian food.
(C) Mr. Lopez has sold his farmland.
(D) B.B. Beans provides seasonal dishes.

3. What is NOT special about B.B. Beans?

(A) It has a certain amount of space between tables.
(B) It serves dishes with local ingredients.
(C) It has multiple shop locations.
(D) It was designed by Mr. Lopez.

日本語訳

凍てつくような寒さの朝、水色のジャケットを着た男性がB.B. Beansでコーヒーを飲んでいました。これは彼の日課です。彼はMatthew Lopezと言って、そのレストランを経営しています。B.B. Beansは市役所の近くに位置し、健康志向のお客さんから好評を得ています。

レストランのオーナーとして仕事をする前、彼は農家でした。彼の興味は野菜を作ることだけでなく、人々に野菜を提供することにもありました。これがレストランをオープンしようという気持ちにさせました。有機野菜や地元産の野菜を使ったヘルシーな料理を幅広く提供するだけでなく、メニューは季節ごとに異なります。驚くべきことに、Lopez氏はレストランを自分自身でデザインし、細かい点にも注意を向けました。内部の壁には伝統的な農家の衣服が飾られており、種を蒔くときのように、快適なスペースを空けてテーブルを配置しました。すべての席が埋まるピーク時であっても、食事客は他のお客さんと近いために困るということはありません。

Check 日本語訳

1. 記事の目的は何ですか？
(A) 新しいレストランを宣伝する
(B) ビジネスパーソンを紹介する
(C) 歴史的な出来事について知らせる
(D) 調査結果を分析する

2. 記事で何が示唆されていますか？
(A) Lopez 氏は新しい場所に引っ越す。
(B) B.B. Beans はベジタリアン料理のみを提供する。
(C) Lopez 氏は彼の農地を売却した。
(D) B.B.Beans は季節限定メニューを提供する。

3. B.B. Beans の特別な点ではないものは何ですか？
(A) テーブル間に一定のスペースがある。
(B) 地元の食材を使った料理を提供している。
(C) 複数の店舗がある。
(D) Lopez 氏によって設計された。

Check 解答・解説

1. 正解 **(B)**

Matthew Lopez さんの日常から始まり、レストランを経営していること、さらにレストランオープンに至ったきっかけなどが書かれている。全体的に Matthew Lopez さんの話であるため、正解は (B) の「ビジネスパーソンを紹介する」。

2. 正解 **(D)**

第 2 段落の 6 行目に、the menu varies from season to season（メニューは季節ごとに異なる）と書かれている。これを指しているのが、(D) の「B.B. Beans は季節限定メニューを提供する」。野菜を提供しているが、(B) のベジタリアン料理だけを提供しているという記述はない。

3. 正解 **(C)**

B.B. Beans について書かれているものを消去していく。第 2 段落 4 ～ 5 行目に ...it serve a wide selection of healthy dishes with organic and locally grown vegetables, と、地元の野菜が使われていることを示す (B) は書かれている。続く 7 行目の he designed the restaurant himself で、ロペスさんが自らデザインしたことがわかるため (D) も書かれている。さらに、第 2 段落の最後に「満席の場合であっても」という前置きの後、diners are not disturbed by closeness to others. と「ほかのお客さんとの近さが邪魔にならない」とあり、これが (A) のこと。よって、正解は (C) の「複数の店舗がある」。

Unit 5- 5

Step1 語句学習 Audio ▶ 076

本文に出てくる重要語句の音声を聞いてリピートしましょう。

1.	make one's debut	デビューする ※発音注意
2.	be based on...	～に基づく
3.	be dedicated to...	～のために尽くす
4.	play a role	役割を演じる
5.	have an influence on...	～に影響を及ぼす
6.	ballet	バレエ
7.	win awards	受賞する
8.	long for...	心から望む =hope for
9.	critic	批評家 動 criticize（批評する）
10.	star	主演する

Step2 文法・構文学習

Audio ▶ 077

本文に出てくる文法や構文のツボを押さえましょう。

❶ It is especially recommended to **those** who like excitement.
特にワクワクしたい方にオススメです。

❷ A young girl **is dedicated to** becom**ing** a world-famous dancer and support**ing** her family.
若い女の子は、世界的に有名なダンサーになり、家族をサポートすることに尽力しました。

❶ 人々を意味するthoseの使い方

thatの複数形で「あれら」を意味する**those**は、**people**（人々）のことを指すこともできます。

1. 関係代名詞whoを伴う場合

Those **who wish to take annual leave need to obtain managers approval.**
（年次休暇を取ることを希望される方は、マネージャーの承認を得る必要があります）

2. 分詞を伴う場合

Those **wishing to take annual leave need to obtain managers approval.**
（年次休暇を取ることを希望される方は、マネージャーの承認を得る必要があります）

❷ 前置詞toの後ろに名詞や動名詞が置かれる動詞表現

前置詞toの後ろは動名詞または名詞が置かれます。

- **We** are dedicated to **support**ing **family-owned businesses.**
（私たちは家族経営の会社をサポートすることに尽力しています）
- **We** are committed to **meet**ing **your needs and budget.**
（私たちはニーズと予算に合わせることに力を入れています）

記事

Hanna Gonzales made her theatrical debut in the play, *Cry for Joy*. It is based on the true story of a young girl born to a poor family who dreams of becoming a world-famous dancer and supporting her family. Hanna plays the role.

Hanna's father is well-known actor Ryan Gonzales. It isn't surprising that he has had a strong influence on his daughter's career. She started ballet at the age of three, and has won several awards ever since. She also always longed to be an actor, and she has been dedicated to practice. This makes her the perfect person for the role.

Some critics called the play a must-see. George Grayson said, "It is especially recommended to those who like excitement." Also, the movie *On the Top of the Mountain*, also starring Hanna, will begin showing August 1 in theatres nationwide.

<<< Step3 速トレ Audio ▶ 078

P.12の5つの手順に従い、Part 7の英文を何度も声に出して読む速読トレーニングを行いましょう。

Check 左ページの英文を読んで、1～3の問題に答えてください。

1. What is the main purpose of the article?

(A) To introduce an actress
(B) To introduce a dance contest
(C) To review a movie
(D) To provide the results of an audition

2. The word "perfect" in paragraph 2, line 6, is closest in meaning to

(A) complete
(B) ideal
(C) whole
(D) cleared

3. What is indicated about Hanna Gonzales?

(A) Her father takes part in *Cry for Joy*.
(B) She changed her career several times.
(C) She will play the lead role in a movie.
(D) She worked with George Grayson.

日本語訳

Hanna Gonzalesが"Cry for Joy"で演劇デビューをしました。これは、世界的に有名なダンサーになって家族を養うことを夢見る貧しい家庭に生まれた少女の実話に基づいています。Hannaはその少女役を演じます。

Hannaの父は有名俳優のRyan Gonzalesです。娘のキャリアに強い影響を与えたことは驚くにあたりません。彼女は3歳でバレエを始め、それ以来いくつかの賞を取りました。さらに、女優になりたいと心から望み、練習に専念してきました。だからこそ、その役にベストな人物です。

数人の批評家が、その劇を必見だとコメントしています。「特に、ワクワクが好きな人々はこの劇を見ることをお勧めします」とGeorge Grayson氏は言います。またHanna主演の映画『On the Top of the Mountain』は、8月1日に全国の映画館で上映が開始されます。

Check 日本語訳

1. 記事の主な目的は何ですか？
(A) 女優について紹介する
(B) ダンスコンテストを紹介する
(C) 映画をレビューする
(D) オーディションの結果を提供する

2. 第2段落・6行目にある perfect に最も意味が近いのは
(A) 完全な
(B) 理想的な
(C) 全体の
(D) 除去される

3. Hanna Gonzales について何が示されていますか？
(A) 彼女の父親は "Cry forJoy" に参加している。
(B) 彼女は何度か職業を変えた。
(C) 彼女は映画の主役を演じる。
(D) 彼女は George Grayson と一緒に働いている。

Check 解答・解説

1. 正解 **(A)**

第 1 段落で Hanna Gonzales が演劇デビューしたことや演劇の内容が書かれており、第 2 段落では Hanna Gonzales の経歴が書かれている。これを要約したのが、(A) の「女優を紹介すること」。(C) の映画の評価を書くのが目的ではない。

2. 正解 **(B)**

第 2 段落 6 行目にある perfect と置き換えられる単語を選ぶ問題。This makes her the perfect person for the role. から、「その役にとって完璧な人物」とは、「最もふさわしい人物」を意味するため、正解は (B) ideal（理想的な）である。

3. 正解 **(C)**

Hanna Gonzales について、本文と選択肢を照らし合わせる。第 3 段落の後半に「8 月 1 日に始まるハナ主演の映画『On the Top of the Mountain』が全国の映画館で上映される」とある。これを play the lead role（主役を務める）と言い換えた (C) が正解。

Column 5 スピードを上げ、疲労度を下げる戦略

リーディングを時間内制覇するためには、英文を読むスピードを上げることが不可欠です。Part 7の文書を理解するためにはある程度の語彙力が前提とはなりますが、内容としては難解なものはほとんど登場しません。単語は知っているけれど速く読めないという場合、「答え探し」に終始していることが考えられます。「答えは見つかるけれど、何の話かはつかめていない」という場合は、本文の情報を断片的に読んでいるからなのです。この断片的な読み方をしていると、頭に内容が蓄積せずに読むスピードが上がらないだけでなく、答え探しに終始するだけになり疲労度が上がります。運転でいえば、アクセルを踏みながらブレーキをかけている状態です。

また、面白い本とつまらない本をそれぞれ同じ時間を費やして読む場合、つまらない本を読んでいる時のほうが疲れますよね。なぜかというと「ストーリーに入り込めないから」です。面白い本はストーリーに引き込まれるため、時間の感覚がなくなります。とはいえ、TOEICに登場する内容が「ワクワクするほど面白い！」ということはほぼありません。そこで、ストーリーに入り込むためにも「問題文」としてではなく、「自分ごと」として読むことをオススメします。自分に送られたメール、自分が興味のある記事、自分が参加するイベント、として読むことで、ストーリーに入り込むことができ、疲労しにくくなります。本書での学習は「スピードを上げ、疲労度を下げる戦略」を盛り込んでいますが、他の教材に取り組む時やテスト本番においてもぜひ意識してください。

Unit 6

アンケートその他

Unit 6- 1

Step1 語句学習 Audio ▶ 079

本文に出てくる重要語句の音声を聞いてリピートしましょう。

1.	value	大切にする valued client（お得意様）
2.	take a moment	時間を取る
3.	rate	評価する =evaluate、assess
4.	exceptional	優れている =outstanding、excellent
5.	hand in	提出する =submit
6.	be awarded	授与される
7.	maintain	維持する 名 maintenance（維持、保守管理）
8.	appearance	外見、様子 動 appear（～に見える）
9.	respond to...	～に対応する、応答する 名 response（対応、返答）
10.	have... brought to your attention	～を伝えておきたい

Step2 文法・構文学習

Audio ▶ 080

本文に出てくる文法や構文のツボを押さえましょう。

❶ Please **take a moment** to rate our service on a scale of 1 to 5.
時間を取って私たちのサービスを１から５までの物差しで評価してください。

❷ Please hand in this **questionnaire** at the front desk when you check out.
チェックアウト時にフロントでこのアンケートを提出してください。

❸ As a frequent visitor to our hotel, you will **be awarded** a voucher that can be used for your future stay.
当ホテルを頻繁に利用する訪問者として、将来の滞在に使用できるクーポン券が授与されます。

アンケートによくある表現

- **Please take a moment to fill out the questionnaire.**
（アンケートに記入するために少しお時間をください）
- **Your feedback helps us improve and better serve our customers.**
（お客様の感想は、サービスの向上とお客様へのより良いサービスの提供に役立ちます）
- **Please include any suggestions or concerns you may have.**
（ご提案や懸念事項を盛り込んでください）
- **Please rate our service on a scale of 1 to 5.**
（1から5の段階でサービスを評価してください）
- **We will not disclose the information provided to third parties without your permission.**
（提供いただいた情報は、許可なく第三者に開示しません）

Thank you very much for staying at one of Starlight Palace Hotel's locations. We value your feedback, so please take a moment to rate our service on a scale of 1 to 5 (with 5 being exceptional and 1 being unsatisfactory). Please hand in this questionnaire at the front desk when you check out. As a frequent visitor to our hotel, you will be awarded a voucher that can be used in your future stay.

NAME: Kent Anderson

Purpose of Your Visit: Business

Did our staff:	5	4	3	2	1
Treat you with respect?	✓				
Provide a clear explanation?				✓	
Maintain a professional appearance?		✓			
Respond to your need for assistance?	✓				

COMMENT

This was my first time in Bangkok, and I really enjoyed my stay here for three days. I had a great time in the swimming pool as well as the state-of-the-art gym. However, I'd like to have one thing brought to your attention. I ate dinner at the Italian restaurant after 8:00 P.M. Although it was not crowded at all, it took more than 45 minutes until dishes were served. Also, the meat was overcooked, and I wasn't able to eat everything.

<<< **Step3** 速トレ Audio ▶ 081

P.12の5つの手順に従い、Part 7の英文を何度も声に出して読む速読トレーニングを行いましょう。

Check 左ページの英文を読んで、1～3の問題に答えてください。

1. What is suggested about Mr. Anderson?

(A) He visited Bangkok on vacation.
(B) He did not like the way he was treated.
(C) He has stayed at Starlight Palace Hotel before.
(D) He arrived at Starlight Palace Hotel late at night.

2. Which of the following facilities was NOT used by Mr. Anderson?

(A) The business center
(B) The fitness room
(C) The swimming pool
(D) A restaurant

3. What does Mr. Anderson complain about?

(A) Construction noise
(B) A crowded place
(C) Room service
(D) A served meal

日本語訳

Starlight Palaceホテルにご滞在いただきありがとうございます。お客様の感想を重視しておりますので、私たちのサービスを1～5という基準で（5は「優れている」、1は「不満」）評価するお時間を少々いただけますと幸いです。チェックアウトの際に、フロントでアンケートをお渡しください。お客様は頻繁にご利用いただいているため、今後の滞在で使える割引券をお渡しします。

名前：Kent Anderson
滞在の目的：ビジネス

スタッフは	満足 5	4	3	2	不満足 1
丁寧に対応しましたか？	✓				
明確な説明をしましたか？				✓	
プロらしい外見を保ちましたか？		✓			
必要なお手伝いをしましたか？	✓				

コメント
バンコクは初めてでしたが、3日間の滞在を楽しみました。プールと最新の設備がそろったジムで過ごした時間が素晴らしかったです。しかし、1つお伝えしたいことがあります。午後8時以降に、イタリアンレストランで夕食を食べました。まったく混んでいなかったにもかかわらず、料理が提供されるまでに45分以上かかりました。また、肉は焼きすぎで、すべてを食べ切ることができませんでした。

Check 日本語訳

1. Anderson 氏について何が示唆されていますか？
(A) 彼は休暇でバンコクを訪れた。
(B) 彼は自分の扱われ方が気に入らなかった。
(C) 彼は以前 Starlight Palace ホテルに滞在したことがある。
(D) 彼は夜遅くに Starlight Palace ホテルに到着した。

2. Anderson 氏が使用しなかった施設は次のうちどれですか。
(A) ビジネスセンター
(B) フィットネスルーム
(C) スイミングプール
(D) レストラン

3. Anderson 氏は何について不平を言っていますか？
(A) 建設工事の騒音
(B) 混雑した場所
(C) ルームサービス
(D) 提供される食事

Check 解答・解説

1. 正解 **(C)**

Mr. Anderson についての記述から推測できることを特定する。冒頭の 6 行目に As a frequent visitor to our hotel, you will... と、頻繁にホテルに滞在していることがわかる。ここから、過去にも滞在していると考えられるため、正解は (C)。

2. 正解 **(A)**

Mr. Anderson が使った施設を消去することで、使っていない施設を選ぶ。コメント欄にある I had a great time in the swimming pool as well as the state-of-the-art gym. から、(C) と (B) は使っている。さらに、I ate dinner at the Italian restaurant とあることから (D) も使っている。よって、正解は (A)。

3. 正解 **(D)**

苦情の内容を特定する。コメント欄の最後に it took more than 45 minutes until dishes were served. という提供時間の長さや、the meat was overcooked, and I wasn't able to eat everything. と肉の焼き加減について満足していないことが伝えられている。よって、正解は (D)。

Unit 6- 2

Step1 語句学習

Audio ▶ 082

本文に出てくる重要語句の音声を聞いてリピートしましょう。

1.	manufacturer	製造業者 動 manufacture（製造する）
2.	advanced technology	最新の技術 =latest technology
3.	remove	取り除く 名 removal（除去）
4.	a great amount of...	多大な、大量の =a lot of...
5.	energy consumption	エネルギー消費 動 consume（消費する）
6.	rechargeable battery	充電できるバッテリー、充電池
7.	attachment	付属品 動 attach（取り付ける）
8.	tight space	狭い場所 =narrow space
9.	drawback	欠点 =weakness（弱み）
10.	ease the burden	負荷を和らげる 形 easy（易しい）

Step2 文法・構文学習

Audio ▶ 083

本文に出てくる文法や構文のツボを押さえましょう。

While it is lightweight, it is so powerful that it can easily remove pet hair from the carpet.

軽量でありながら、強力なのでカーペットからペットの毛を簡単に取り除くことができます。

対比で使う表現 While（～の一方で）

Whileには「～の間」という意味のほか、「～の一方で」という対比を表す意味もあります。

[～の間]

- **Please remain seated while the seatbelt sign is on.**
  （シートベルトサインが点灯している間は、座ったままでお願いします）

[～の一方で]

- **While we still have things to do, we have been doing well so far.**
  （まだやるべきことはある一方で、ここまで順調です）
- **While the cost depends on the duration of work, we try to accommodate your needs and budget.**
  （費用は作業期間によりますが、ニーズや予算に対応させていただきます）

Product Review: Lancers Vacuum Cleaner
by Andrea Page

Widely renowned home appliance manufacturer, Lancers Tech Corporation, has just produced its high-tech vacuum cleaner, the LT200A. I have the previous model, and I know how good Lancers products are. The LT200A retains the level of quality the company has a reputation for, and furthermore, the new model is even more powerful than ever with its advanced technology. While it is lightweight, it is so powerful that it can easily remove pet hair from the carpet, and this saves me a great amount of time. In addition, improved energy consumption has enabled the new model to be cordless. Yes, it runs on a rechargeable battery!

As you might know, the LT100 series has been known as having the lightest vacuum cleaners on the market, but the LT200A is even lighter. A wide variety of tools are contained in the package that are useful in various situations, such as the brush attachment for corners, tight spaces and other hard-to-reach places. The only drawback I can think of is the price, but even so, the cleaner will ease the burden of cleaning.

<<< **Step3** 速トレ Audio ▶ 084

P.12の5つの手順に従い、Part 7の英文を何度も声に出して読む速読トレーニングを行いましょう。

Check 左ページの英文を読んで、1～3の問題に答えてください。

1. What is indicated about the LT200A?

(A) It was produced by a start-up company.
(B) It has recently been featured in a magazine.
(C) It is popular among pet owners.
(D) It is more energy-efficient than previous models.

2. What is NOT a feature of the LT200A?

(A) It is easy to carry around.
(B) It is available in various colors.
(C) It is battery-operated.
(D) It is equipped with the latest technology.

3. What is one of the tools that comes with the LT200A?

(A) A brush accessory
(B) Replacement batteries
(C) A dirt remover
(D) An extra filter

日本語訳

製品レビュー：Lancers掃除機
Andrea Page

広く知られている家電メーカーのLancers Tech 社が、ハイテク掃除機のLT200Aを製造しました。私は以前の型を持っており、Lancersの製品がどれほどよいかは知っています。LT200Aは、会社の評判となっている質の高さは維持したまま、新モデルは最新技術によりこれまで以上に強力です。軽量でありながら、とても強力なのでペットの毛をカーペットから簡単に取り除くことができ、私は掃除にかける時間を大幅に節約できました。さらに、エネルギーの消費を改善したことで、新モデルはコードレスとなりました。そう、何度も充電することが可能なバッテリーで作動するのです！

ご存じかもしれませんが、LT100のシリーズは市場で最も軽量の掃除機として知られてきましたが、LT200Aはさらに軽くなっています。部屋の隅や狭いスペースや届きにくい場所で使う取り付けブラシなど、様々な場面で役立つツールが一式に含まれています。値段が高いのが思いつく唯一の欠点ですが、それでもこの掃除機は掃除の負担を軽減してくれます。

Check 日本語訳

1. LT200A について何が示されていますか？
(A) 新興企業により製造された。
(B) 最近雑誌で特集された。
(C) ペットの飼い主に人気がある。
(D) 以前の型よりもエネルギー効率が高い。

2. LT200A の特徴でないものは何ですか？
(A) 持ち運びしやすい。
(B) 様々な色がある。
(C) バッテリー駆動である。
(D) 最新の技術を備えている。

3. LT200A に付属しているツールの 1 つは何ですか？
(A) ブラシアクセサリー
(B) 交換用バッテリー
(C) 汚れ除去剤
(D) 追加フィルター

Check 解答・解説

1. 正解 **(D)**

冒頭の説明に high-tech vacuum cleaner, the LT200A とあり、LT200A は掃除機である。直後に I have the previous model と書き手である Andrea Page さんが前のモデルを所有していることを伝えた後、第 1 段落の後半で improved energy consumption（エネルギーの消費を向上）と書かれている。この 2 つを合わせた (D) の「前のモデルよりもエネルギー効率が高い」が正解。

2. 正解 **(B)**

特徴として書かれていないことを特定する。第 1 段落の 7 行目に the new model is even more powerful than ever with its advanced technology. と最新技術を備えていることが書かれており (D) のこと。続く文に it is lightweight とあり、これを言い換えたのが (A) の「持ち運びがしやすい」。さらに、第 1 段落の最後に it runs on a rechargeable battery! とあるため、(C) の「バッテリー駆動である」も書かれている。正解は (B)。製品の色の種類については触れられていない。

3. 正解 **(A)**

LT200A の付属品を読み取る。第 2 段落の 3-4 行目に A wide variety of tools are contained in the package と付属品について説明があり、that are useful in various situations, such as the brush attachment とブラシが付属されていることがわかる。正解は (A)。

Unit 6- 3

Step1 語句学習

Audio ▶ 085

本文に出てくる重要語句の音声を聞いてリピートしましょう。

1.	dedication	献身 動 dedicate（～に捧げる）
2.	ratings	評価 動 rate（評価する）
3.	total	合計で～となる
4.	be regarded as...	～として見なされる
5.	service representative	サービス担当者 動 represent（代表する）
6.	worsen	悪化する =get worse
7.	gain popularity	人気を得る、好評を博する gain=get
8.	in light of...	～を踏まえると、 ～の観点から
9.	in a timely manner	直ちに、タイミングよく
10.	comfortably	快適に 名 comfort（快適さ） 形 comfortable（快適な）

Step2 文法・構文学習 Audio ▶ 086

本文に出てくる文法や構文のツボを押さえましょう。

❶ This percentage is **approximately** 5 points lower than that of last year.
この割合は昨年のものより約 5 ポイント低くなっています。

❷ This is **largely due to** the increasing demand for the customer support.
これは主に、カスタマーサポートに対する需要の高まりによるものです。

数字や理由を修飾する副詞表現

・**It takes approximately 20 minutes to get to the station by bus.**
（バスで駅に行くのに約20分かかります）

approximately 20 minutesは、20分に満たない場合（18分など）と超える場合（22分など）の両方に使えます。approximately=about

・**We are expected to have nearly 200 participants for the seminar.**
（セミナーに200人近くの参加者を予定しています）

nearly 200 participantsは、200人までは達していない場合（190人など）に使えます。nearly=almost

・**The increase in sales was largely due to our advertisements.**
（売り上げの増加は主に広告によるものです）

ほかにmainly due to...（主に～のため、～の理由で）のようにも使えます。

・**The number of visitors has decreased simply because the weather has been bad.**
（単に天気が悪かったという理由で、訪問者数が減っています）

ほかにpartly because...（一部～という理由で）のようにも使えます。

MEMO
To: All Service Representatives
From: Neil Khan, Marketing Manager
Date: August 20

Customer Satisfaction Survey

We have received the results of the annual customer satisfaction survey conducted during the month of July. Thanks to your hard work and dedication, the ratings of Good or Excellent for our service totaled 82.4 percent, which is regarded as high.—[1]—. However, this percentage is approximately 5 points lower than that of last year. This is largely due to the increasing demand for the customer support, resulting in a longer waiting period before our service representatives can handle customers' inquiries.—[2]—. As you know, this situation has worsened since our state-of-the-art apps gained popularity early this year.

It is estimated that the number of people using our products will increase significantly over the next few months.—[3]—. In light of this situation, we have decided to increase the number of staff members so that we can deal with customer inquiries in a more timely manner.—[4]—. Also, we will introduce a chat system to answer simple questions. I am sure these additions will ease the burden on each of you and allow you to work more comfortably. We will keep you updated about when the new employees will start working.

<<< **Step3** 速トレ Audio ▶ 087

P.12の5つの手順に従い、Part 7の英文を何度も声に出して読む速読トレーニングを行いましょう。

Check 左ページの英文を読んで、1～3の問題に答えてください。

1. According to the memo, why did the satisfaction rate decrease?

(A) Some staff members were inexperienced.
(B) Customers had to wait longer.
(C) Wrong information was provided.
(D) Defective products have increased in number.

2. What is NOT mentioned in the memo?

(A) A new function will be added.
(B) The number of users is expected to increase.
(C) A new product will be released.
(D) Additional workers will be hired.

3. In which of the positions marked [1], [2], [3], and [4] does the following sentence best belong?

"This is the highest of all app developers."

(A) [1]
(B) [2]
(C) [3]
(D) [4]

日本語訳

メモ
宛先: 全サービス担当者
差出人:Neil Khan、販売担当部長
日付: 8月20日

顧客満足度調査

7月中に実施された年次顧客満足度調査の結果を受け取りました。みなさんの大変な尽力や献身のおかげで、弊社のサービスに対して「よい」または「素晴らしい」という評価が82.4%で、高いものと見なすことができます。しかし、この割合は去年よりもおよそ5ポイント低いです。これは主に増加する顧客サポートの需要によるもので、サービス担当者が顧客のリクエストに対応するまでに、より長い待ち時間が発生することとなっています。ご存じのように、最新のアプリが今年初頭に人気を得たことで、この状況は悪化しています。

弊社製品の利用者は数カ月にわたって大幅に増えると予想されています。この点を考慮し、もっとタイミングよく顧客の問い合わせに対応できるように、スタッフの数を増やすことを決めました。また簡単な質問に答えるためのチャットシステムを導入します。こうした追加により、みなさんの負担を和らげ、より快適に働けるようになるはずです。新しいスタッフがいつから働きはじめるかについては、改めてお知らせいたします。

Check 日本語訳

1. メモによると、なぜ満足度が下がったのですか？
(A) 数人のスタッフが経験不足だった。
(B) 顧客はより長く待たなければならなかった。
(C) 間違った情報が提供された。
(D) 不良品の数が増加している。

2. メモに述べられていないことは何ですか？
(A) 新しい機能が追加される。
(B) ユーザー数増加が見込まれる。
(C) 新商品が発売される。
(D) 追加の労働者が採用される。

3. [1]、[2]、[3]、[4] と記載された箇所のうち、次の文が入るのにふさわしいのはどこですか？
「これはすべてのアプリ開発業者の中で最高です」
(A) [1]
(B) [2]
(C) [3]
(D) [4]

Check 解答・解説

1. 正解（**B**）
満足度が下がった理由を読み取る。第 1 段落 5 行目の However 以降で満足度が下がったことについて触れられている。続いて、This is largely due to...（これは主に～のためである）と理由が続いている。カスタマーサポートの需要が高まったことによって、resulting in a longer waiting period とある。よって、(B) の「お客さんがより長く待たなくてはならなかった」が正解。

2. 正解（**C**）
書かれているものを消去していく。第 2 段落冒頭に It is estimated that the number of people using our products will increase significantly とユーザー数が増えることが見積もられており、(B) は書かれている。続いて 3 行目に we have decided to increase the number of staff members とスタッフの増員を決めたとあり、これが (D) のこと。さらに Also, we will introduce a chat system と続いており、チャットシステムの導入を「新しい機能」と言い換えている (A) も書かれている。正解は (C) の新製品が発売される。新たに導入されるチャット機能は顧客対応に使うものであり、新製品ではない。

3. 正解（**A**）
文が入る適切な個所を特定する。ヒントは This（これ）であり、この文の前にくる内容が「すべてのアプリ開発業者の中で最高」であることを指している。最高のものとは、冒頭に書かれた満足度 82.4 percent であると推測できる。[1] に入れることで、文意が通るため正解は (A)。

Unit 6- 4

Step1 語句学習 Audio ▶ 088

本文に出てくる重要語句の音声を聞いてリピートしましょう。

1.	contribute	寄稿する 名 contribution（寄稿）
2.	seek	求める、募集する =look for（探す）
3.	genre	ジャンル ※発音注意 =category、kind
4.	appear	載る、出る 名 appearance（出現）
5.	residential area	居住地 名 residence（住居）、resident（住民）
6.	following	次の =next ↔ previous（前の）
7.	publish	出版する 名 publication（出版）
8.	consider	考慮する 名 consideration（考慮）
9.	be slightly revised	わずかに修正される
10.	editor	編集者 動 edit（編集する）

Step2 文法・構文学習

Audio ▶ 089

本文に出てくる文法や構文のツボを押さえましょう。

❶ **Well**-written reviews will appear along with names and residential areas.
よく書かれた批評は名前と居住地とともに掲載します。

❷ We will contact reviewers **once** they are selected for publication.
掲載に選ばれた後、私たちがその方にご連絡いたします。

❶ well-○○（よく〜された）の表現

- well-written **article**（よく書かれた記事）
- well-known **author**（よく知られた著者）
- well-organized **document**（よくまとまっている書類）
- well-researched **story**（よく調査されているストーリー）
- well-deserved **promotion**（ふさわしい昇進）
- well-balanced **diet**（バランスの良い食事）

❷「〜の後」を示す接続詞表現

Once = After

- Once **we receive your payment, we will send you workshop materials.**
（支払いを受け取った後、ワークショップの資料をお送りします）

As soon as = After

- **We will contact you** as soon as **the shipment has arrived.**
（発送物が届き次第、ご連絡します）

Call for Submissions

Are you interested in contributing your "love to read" to your community? *The Starmark Newspaper* is seeking book reviews from every genre; fiction and non-fiction. Well-written reviews will appear in the new section called "Leading Readers" along with names and residential areas. The section will appear in every Sunday issue starting on February 3. For further information, please visit our Web site at www.starmark-newspaper.com/bookreview.html.

Reviews should meet the following guidelines:

—Books published over the past 12 months
  Please check the publishing date before writing a review.

—Submitted by e-mail or through an online form of our Web site

E-mail: bookreview@starmark-newspaper.com

Web site: www.starmark-newspaper.com/bookreview.html

—Maximum length of 600 words
  Reviews that exceed the word limit will not be considered.

—Original reviews
  Ones that were not published previously

Please note that selected reviews may be slightly revised by our editors. We will contact reviewers once they are selected for publication.

<<< **Step3** 速トレ Audio ▶ 090

P.12の5つの手順に従い、Part 7の英文を何度も声に出して読む速読トレーニングを行いましょう。

Check 左ページの英文を読んで、1～3の問題に答えてください。

1. What is the purpose of the information?

(A) To request a piece of writing
(B) To promote a newly published magazine
(C) To announce selected reviewers
(D) To provide changes to a schedule

2. The word “issue” in paragraph 1, line 6, is closest in meaning to

(A) problem
(B) edition
(C) topic
(D) project

3. What is NOT mentioned as guidelines?

(A) The methods of submission
(B) The amount of words
(C) By when to apply
(D) What book to choose

日本語訳

投稿の募集

あなたの「読書愛」をコミュニティに寄稿することに興味はありませんか。『Starmark新聞』はフィクションとノンフィクションのすべてのジャンルからの書評を募集しています。よく書かれている書評は「Leading Readers」(優れた読者たち)という新しいセクションで、名前と居住地とともに掲載されます。そのセクションは、2月3日から日曜日発行の新聞に掲載されます。詳しい情報についてはは私どものウェブサイトwww.starmark-newspaper.com/bookreview.htmlにアクセスしてください。

書評は以下のガイドラインに従ってください。

・過去12カ月に出版された書籍。
書評を書く前に出版日を確認してください。

・メール、ファックスまたはサイトのオンラインフォームから提出
E-mail: bookreview@starmark-newspaper.com
Web site: www.starmark-newspaper.com/bookreview.html

・最大600字。
字数制限を超える書評は考慮されません。

・オリジナルの書評であること。
以前に出版歴がないものであること。

選ばれた書評は編集者によって若干修正される場合があります。掲載するために選ばれた時点で、書評者にご連絡いたします。

Check 日本語訳

1. 情報の目的は何ですか?
(A) 書き物のリクエスト
(B) 新しく発行された雑誌の宣伝
(C) 選抜されたレビュアーの発表
(D) スケジュール変更の提示

2. 第1段落・6行目にあるissueに最も意味が近いのは
(A) 問題
(B) 版
(C) 話題
(D) 計画

3. ガイドラインとして述べられていないことは何ですか?
(A) 提出方法
(B) 文字数
(C) いつまでに申し込むか(締切)
(D) どの本を選ぶか

Check 解答・解説

1. 正解 **(A)**

第 1 段落 2 行目に The Starmark Newspaper is seeking book reviews ...と書評を募集していることが書かれているほか、中盤では書評のガイドラインについて書かれている。これを「書き物をリクエストする」と要約した (A) が正解。

2. 正解 **(B)**

第 1 段落 6 行目の issue と置き換えられる単語を特定する。The section will appear in every Sunday issue starting on February 3. の Sunday issue とは「日曜日発行」のこと。つまり、「日曜版」と言い換えられるため正解は (B) edition。issue には「課題 (=(A) problem)」の意味もあるが、この文脈には合わない。

3. 正解 **(C)**

中盤にあるガイドラインについて書かれているものを消去していく。1 つ目の Books published over the past 12 months が (D) の「選ぶべき本」のことである。2 つ目の Submit by e-mail or through the online form on our Web site が (A) の「提出方法」。3 つ目の Maximum length of 600 words が (B) の「文字数」のこと。よって、書かれていないものは (C) の締切である。

Column 6 怖くないマルチプルパッセージ

マルチプルパッセージと聞くと難しく感じるかもしれませんが、「シングルパッセージが2つまたは3つ一緒に出てくるもの」というイメージです。そのため、マルチプルパッセージの読み方も、基本的にシングルパッセージの読み方と同様に、冒頭で目的や概要が述べられ、詳細へと入っていきます。

なお、マルチプルパッセージに登場する複数の文書は、それぞれ関連しています。たとえば、2つの文書では「問い合わせ＋応答」や「スケジュール＋変更依頼」などが登場しますし、3つの文書では「イベントのお知らせ＋スケジュール＋問い合わせ」や「求人広告＋応募書類＋採用通知」などが登場します。そのため、本文を読むときは、複数の文書がそれぞれどのような関係にあるのかを把握することで、読みやすくなります。

マルチプルパッセージの大きな特徴が、別々の文書に書かれた情報を関連づけて解く問題が出ることです。1つの文書だけ読めば解答できるものもありますが、マルチプルパッセージの各セット5問のうち1～3問は複数の文書の情報を関連させる問題です。分散された情報を関連付けて解答するため、しっかりと各文書の内容を理解する必要があります。

2つや3つの文書を一気に読むことについて、量が多く難しく感じるかもしれませんが、内容が関連していることによる読みやすさがありますし、読むスピードが上がってくると、2～3つの文書を一気に読むことの負荷を感じなくなります。

Unit 7
マルチプルパッセージ

Unit 7- 1

Step1 語句学習

Audio ▶ 091

本文に出てくる重要語句の音声を聞いてリピートしましょう。

1.	inquiry regarding...	～に関する問い合わせ =question about...
2.	complete line of...	すべての～
3.	apply for...	～に申し込む 名 application（申込、応募）
4.	specified	指定された 動 specify（指定する）
5.	do not hesitate to...	遠慮なく～する =feel free to...(自由に～する)
6.	look forward to...	～を楽しみにする ※ to の後ろは名詞または動名詞が置かれる
7.	opportunity	機会 =chance、occasion
8.	convert	変換する =change 名 conversion（変換）
9.	expire	期限が切れる 名 expiration（期限）
10.	similar	似ている 名 similarity（類似）

Step2 文法・構文学習

Audio ▶ 092

本文に出てくる文法や構文のツボを押さえましょう。

❶ To **apply for** the free trial, please visit our Web site.
無料トライアルに申し込むには、当社のWebサイトにアクセスしてください。

❷ I've been using it, and the trial period will **expire** tomorrow.
私はそれを使用してきましたが、明日試用期間が終了します。

❶ 契約に関する表現（1）

- sign **the contract**（契約書にサインする）
- renew **the contract**（契約を更新する）
- terminate **the contract**（契約を終える）

❷ 契約に関する表現（2）

- **The membership will** expire **on March 31.**（3月31日に会員資格が切れる）
- **The** expiration **date is March 31.**（期限日は3月31日である）
- valid **membership**（有効な会員資格）
  ↔**invalid membership**（無効な会員資格）

マルチプルパッセージ

Questions 1 through 5 refer to the following e-mails.

To:	cglee@sartis.com
From:	rodriguez@jaymanufact.com
Subject:	Re: Inquiry
Date:	March 20

Dear Ms. Lee,

Thank you for your inquiry regarding our products. Attached is our latest brochure including our complete line of printers, their functions and prices. We are currently offering a free trial for new users for one of our products. As you would like a less noisy printer, you will enjoy the one with silent mode, which is appropriate for use even late at night.

To apply for the free trial, please visit our Web site at www.jaymanufact.com/freetrial.html and fill out the form. Once you have submitted your information, we will send the item you selected to the specified address within five business days. You can enjoy the product for a full week!

Once the period is over, all you need to do is send the trial product back to us using the return label enclosed in the box. Please do not hesitate to contact us if you have any questions. We look forward to serving you soon.

Jack Rodriguez
Customer Support Center
Jay Manufacturing Ltd.

To:	j.rodriguez@jaymanufact.com
From:	cglee@sartis.com
Subject:	Re: Re: Inquiry
Date:	April 3

Thank you very much for giving me an opportunity to use your latest model. I've been using it, and the trial period will expire tomorrow. While I like various functions such as double-sided copying, photocopying, and scanning and converting to searchable electric documents, I wasn't satisfied with the one you recommended. It wasn't as good as the one I currently use. However, I find your company's prices much more attractive, so if you could recommend a product that would suit me with similar functions, I'd love to consider it.

Best regards,
Christina Lee

<<< **Step3** 速トレ Audio ▶ 093

P.12の5つの手順に従い、Part 7の英文を何度も声に出して読む速読トレーニングを行いましょう。

Check 左ページの英文を読んで、1～5の問題に答えてください。

1. What is the purpose of the first e-mail?
(A) To confirm an order
(B) To reply to an inquiry
(C) To solve a problem
(D) To request information

2. How will a product be returned to Jay Manufacturing Ltd.?
(A) By paying a shipping fee
(B) By contacting Jack Rodriguez
(C) By delivering it to a store
(D) By using a label

3. In the second e-mail, what is suggested about Ms. Lee?
(A) She has returned a printer to Mr. Rodriguez.
(B) She has purchased another printer.
(C) She applied for the free trial in March.
(D) She usually uses double-sided copies.

4. What dissatisfied Ms. Lee about the printer?
(A) Speed
(B) Size
(C) Price
(D) Quietness

5. In the second e-mail, the word "attractive" in paragraph 1, line 7, is closest in meaning to
(A) reasonable
(B) beautiful
(C) possible
(D) unique

日本語訳

宛先：cglee@sartis.com
送信者：rodriguez@jaymanufact.com
件名：Re: お問い合わせ
日付：3月20日

Lee様

当社製品についてお問い合わせいただきありがとうございます。添付されているのは、プリンターの完全なラインナップ、その機能、価格を含む最新のパンフレットです。現在、新規ユーザー向けに、当社の製品の1つの無料トライアルを提供しています。動作音の少ないプリンターをお望みの場合は、深夜の使用にも適しているサイレントモード付きのプリンターをお楽しみいただけます。

無料トライアルに申し込むには、当社のWebサイトwww.jaymanufact.com/freetrial.htmlにアクセスし、フォームに記入してください。情報を送信すると、お選びいただいた商品が5営業日以内に指定された住所に送られます。まるまる一週間お楽しみいただけます！

期間が終了したら、ボックスに同封されている返品ラベルを使用して、トライアル版製品を返送するだけです。ご質問がございましたら、お気軽にお問い合わせください。みなさまのご利用を心よりお待ちしております。

Jack Rodriguez
カスタマーサポートセンター
Jay Manufacturing Ltd.

宛先：j.rodriguez@jaymanufact.com
送信者：cglee@sartis.com
件名：Re: Re: お問い合わせ
日付：4月3日

最新モデルを利用する機会をいただき、誠にありがとうございます。使用中ですが、明日で期間が終了します。両面コピー、写真コピー、スキャンして検索可能な電子文書へ変換するなど、さまざまな機能は好きですが、お勧めの機能には満足できませんでした。プリンターは私が現在使っているものほど良くはありませんでした。ただ、御社の価格はより魅力的だと思いますので、似たような機能で私に合った商品をお勧めいただければ、ぜひ検討いたします。

よろしくお願いします。

Christina Lee

Check 日本語訳

1. 1. 最初のEメールの目的は何ですか？
(A) 注文を確認すること
(B) 問い合わせに回答すること
(C) 問題を解決すること
(D) 情報を要求すること

2. 製品はどのようにJay Manufacturing Ltd.に返送されますか？
(A) 送料を支払うことで
(B) Jack Rodriguezに連絡することで
(C) 店舗に配送することで
(D) ラベルを使用することで

3. 2つ目のEメールで、Leeさんについて何が示唆されていますか？
(A)彼女はRodriguez氏にプリンターを返却した。
(B) 彼女は別のプリンターを購入した。
(C) 彼女は3月に無料トライアルを申請した。
(D) 彼女は通常両面コピーを使用する。

4. Leeさんがプリンターに不満を持ったことは何ですか？
(A) 速度
(B) サイズ
(C) 価格
(D) 静かさ

5. 2つ目のEメールで第1段落・7行目にあるattractiveに最も意味が近いのは
(A) 手頃な
(B) 美しい
(C) 可能な
(D) ユニークな

Check 解答・解説

1. 正解 **(B)**

1つめのEメールの冒頭に Thank you for your inquiry regarding our products. とあるため、問い合わせに対する返事である。正解は (B)。

2. 正解 **(D)**

「どのように返品されるか」というピンポイントの問題。1つめの文書の第3段落に all you need to do is send the trial product back to us using the return label...（必要なことは、ラベルを使って試用品を返送してください」とある。ほぼそのまま書かれている (D) が正解。

3. 正解 **(C)**

2つ目のメールを読み取る。Ms. Lee とは差出人のこと。冒頭から製品を使ったことがわかり、the trial period will expire tomorrow. とある。1つ目のメールの第2段落に、試用期間について You can enjoy the product for a full week! と書かれており、2つ目のメールの日付が April 3 であることからも、フリートライアルに申し込んだのは1週間以上前である。よって、正解は (C) の「3月にフリートライアルに申し込んだ」である。

4. 正解 **(D)**

Ms. Lee によるプリンターへの不満を読み取る。5行目に I wasn't satisfied with the one you recommended と不満が書かれており、ポイントは the one you recommended（あなたがお勧めしたもの）。1つ目のメールに As you would like a less noisy printer, you will enjoy the one with silent mode とサイレントモードがあるプリンターを勧めている。これに満足できなかったため、正解は (D) の「静かさ」。

5. 正解 **(A)**

同義語問題。I find your company's prices much more attractive（価格が魅力的）とは、安さを表すため正解は (A) reasonable。beautiful も attractive の同義語になり得るが、この文脈では置き換えることはできない。

Unit 7- 2

Step1 語句学習 Audio ▶ 094

本文に出てくる重要語句の音声を聞いてリピートしましょう。

1.	upscale	高級な =high-class
2.	take effect	有効になる
3.	on a monthly basis	毎月 on a yearly / weekly / daily basis（毎年／毎週／毎日）
4.	occur	起こる、発生する =happen
5.	terms and conditions	契約条件
6.	notify... in writing	書面で～に伝える
7.	provided that...	～という条件であれば =if
8.	accompany	付き添う、添付する
9.	urgent matter	緊急の用件
10.	instead of...	～の代わりに、～ではなく

Step2 文法・構文学習 Audio ▶ 095

本文に出てくる文法や構文のツボを押さえましょう。

If you ever choose to cancel your membership, please **notify** us in writing at least two weeks in advance.
メンバーシップをキャンセルすることを選ぶ場合は、少なくとも２週間前に書面でお知らせください。

通知や告知に関する表現（inform / notify / remind）

inform / notify / remindは、いずれも情報を伝える意味で使われ、目的語（youなど）の後ろにof＋名詞句、またはthat＋文が続きます。

inform（知らせる）

- **I'd like to inform you of the schedule change.**
（予定の変更についてお知らせします）
- **I'd like to inform you that the meeting will be postponed until further notice.**
（追加のお知らせがあるまで会議が延期されることをお知らせします）

notify（知らせる）

- **I am writing to notify you of the upcoming building renovation.**
（今度の建物の改装についてお知らせするために書いています）
- **I am writing to notify you that the building renovation will take place next month.**（来月建物の改装が行われることをお知らせします）

remind（思い出させる）

- **This is to remind you of your regular dental checkup.**
（定期歯科検診についてお伝えします）
- **This is to remind you that it is about time for your regular dental checkup.**（そろそろ定期歯科検診の時期であることをお伝えします）

Questions 1 through 5 refer to the following letter and e-mail.

Grand Space, Inc.
395 Plavin St. Boston, MA 02220

January 15

Mr. Joseph Collins
Raymond Systems
846 Newbury St, Boston, MA 02115

Dear Mr. Collins,

Thank you very much for applying for a membership to Grand Space, the best choice for upscale meeting rooms. Your membership will take effect on January 20. The membership fee is to be paid on a monthly basis; the next charge will occur on February 20. To confirm the terms and conditions and other details of your membership, please refer to the enclosed contract. If you ever choose to cancel your membership, please notify us in writing at least two weeks in advance.

To reserve a meeting space, you may call our office during business hours, or log in to your account and access the Reservations page. You may cancel a reservation at no charge provided that you do so at least 72 hours in advance. Otherwise, a cancelation fee will be applied.

Please note that guests are not allowed to enter the building unless accompanied by a member. Feel free to let us know if you have any questions or concerns.

Sincerely yours,
Grand Space Staff

To:	Joseph Collins
From:	Mary Summit
Date:	May 9
Subject:	Rescheduling the client meeting

Joseph,

I got a phone call from George Alison at WPS Partners. He said his team needs to handle an urgent matter, and won't be able to come to the meeting tomorrow. He also said they will contact us in a couple of days about rescheduling. I guess we have no choice but to cancel our reservation. Would you mind calling Grand Space? I'm sorry for the trouble.

We may have a teleconference instead of a face-to-face meeting since we have only two weeks until the launch of the project. Anyway, I'll let you know once I get further notice.

Mary

<<< **Step3** 速トレ Audio ▶ 096

P.12の5つの手順に従い、Part 7の英文を何度も声に出して読む速読トレーニングを行いましょう。

Check 左ページの英文を読んで、1～5の問題に答えてください。

1. What is the purpose of the letter?

(A) To confirm a reservation
(B) To give a payment reminder
(C) To initiate a membership
(D) To apologize for a mistake

2. What is NOT indicated about the procedures?

(A) A discount has been applied to the long-term contract.
(B) Payment will be made every month.
(C) A document is required to terminate the membership.
(D) There are multiple ways to make reservations.

3. Why did Ms. Summit send the e-mail to Mr. Collins?

(A) To request to review a document
(B) To introduce a newly appointed business
(C) To share a new meeting date
(D) To describe a client's situation

4. What is suggested about the reservation Raymond Systems made?

(A) It was processed through the Internet.
(B) The wrong room was chosen.
(C) A cancelation fee will be imposed.
(D) Refreshments will be provided.

5. According to the e-mail, what will happen in two weeks?

(A) A teleconference will take place.
(B) A contract will expire.
(C) George Alison will visit Raymond Systems.
(D) A new project will begin.

日本語訳

Grand Space社
395 Plavin St. Boston, MA 02220

1月15日
Joseph Collins氏
Raymond Systems
846 Newbury St, Boston, MA 02115

Collins様
高級会議室としてベストな選択であるグランドスペースへの入会をお申し込みいただき、誠にありがとうございます。お客様のメンバーシップは1月20日に発効します。メンバーシップ料金は月払いです。次回の請求は2月20日に発生します。会員の利用規約やその他の詳細を確認するには、同封の契約書を参照してください。メンバーシップのキャンセルを選択される場合は少なくとも2週間前に書面でお知らせください。

会議スペースを予約するには、営業時間内にオフィスに電話するか、アカウントにログインして予約ページにアクセスしてください。少なくとも72時間前までにキャンセルしていただければ、無料で予約をキャンセルすることができます。それ以外の場合は、キャンセル料が適用されます。

会員の同伴がない限り、ゲスト（非会員）の方の入館はできませんのでご注意ください。ご不明な点や心配な点がございましたら、お気軽にお問い合わせください。

敬具
グランドスペーススタッフ

宛先：Joseph Collins
送信者：Mary Summit
日付：5月9日
件名：クライアント会議のスケジュール変更

Joseph、WPS PartnersのGeorge Alisonから電話がありました。彼のチームが緊急の問題を処理する必要があり、明日の会議に来ることができないそうです。またスケジュールの組み直しについては数日以内に連絡するとのことです。予約をキャンセルせざるを得ないと思います。グランドスペースに電話していただけますか？　ご迷惑をおかけして申し訳ありません。

プロジェクトの開始まで2週間しかないため、対面で会う代わりにテレビ会議を開催するかもしれません。とにかく、さらに連絡があり次第お知らせ致します。

Mary

Check 日本語訳

1. 手紙の目的は何ですか？
(A) 予約を確認すること
(B) 支払いのお知らせを行うこと
(C) メンバーシップを開始すること
(D) 間違いをお詫びすること

2. 手順で示されていないことは何ですか？
(A) 長期契約には割引が適用されている。
(B) 支払いは毎月行われる。
(C) メンバーシップを終了するには書類が必要である。
(D) 予約には複数の方法がある。

3. Summit さんが Collins さんに E メールを送ったのはなぜですか？
(A) 文書のレビューを要求するため
(B) 新しく指名された会社を紹介する
(C) 新しい会議の日付を共有するため
(D) クライアントの状況を説明するため

4. Raymond Systems が行った予約について何が示唆されていますか？
(A) インターネットを介して処理された。
(B) 間違った部屋が選択された。
(C) キャンセル料が課される。
(D) 軽食が提供される。

5. E メールによると 2 週間に何が起こりますか？
(A) テレビ会議が行われる。
(B) 契約の期限が切れる。
(C) George Alison が Raymond Systems を訪問する。
(D) 新しいプロジェクトが始まる。

Check 解答・解説

1. 正解（**C**）

手紙の目的を判断する。冒頭から会員への申し込みのお礼とともに、会員資格の発効日が伝えられている。その後は、条件や予約方法の内容へと展開している。会員資格の開始を伝えることを意味する (C) が正解。

2. 正解（**A**）

手続きについて書かれているものを消去していく。手紙の第 1 段落 3 行目に The membership fee is to be paid on a monthly basis と、支払いは毎月であることから、(B) は書かれている。第 1 段落最後に会員資格のキャンセルについて、please notify us in writing at least two weeks in advance と文面で伝えることが書かれており、これが (C) の「終了するために書類が必要」のこと。また第 2 段落に、予約について電話またはアカウントにログインするとあるため、予約の仕方が複数あることがわかるため、(D) も書かれている。よって、正解は (A)。長期契約に対して割引が適用されるという記述はない。

3. 正解（**D**）

Mr. Collins がメールを送った理由を読み取る。件名に client meeting の予定変更とあり、WPS Partners は顧客だとわかる。冒頭に I got a phone call from George Alison at WPS Partners. He said his team... won't able to come to the meeting tomorrow. と、明日の会議を予定していた相手が緊急事態のために来られないことが伝えられている。これを要約した (D) の「顧客の状況を説明する」が正解。

4. 正解（**C**）

手紙の上部から、Raymond Systems とは Ms. Collins が勤務する会社である。メールの第 1 段落後半で、Grand Space に電話して予約をキャンセルしてほしいという依頼が書かれている。手紙の第 2 段落に You may cancel a reservation at no charge... at least 72 hours in advance. と、無料でのキャンセルは 72 時間前までとある。Raymond Systems は予約の前日のキャンセルとなるため、キャンセル料が発生する。正解は (C)「キャンセル料が課される」。

5. 正解（**D**）

メールから 2 週間後のことを読み取る。第 2 段落に we have only two weeks until the launch of the project「プロジェクトの開始まで 2 週間しかない」とあるため、正解は (D)。

Unit 7- 3

Step1 語句学習

Audio ▶ 097

本文に出てくる重要語句の音声を聞いてリピートしましょう。

1.	competition	コンテスト = contest
2.	publish	出版する
3.	distinguished author	著名な著者
4.	piece	作品 =work（作品）
5.	plaque	記念の盾
6.	in length	長さで、長さにおいて
7.	electronically	電子的に、E メールで
8.	revision	修正 動 revise（修正する）
9.	approval	承認 動 approve（承認する）
10.	publication	出版、出版物

Step2 文法・構文学習

Audio ▶ 098

本文に出てくる文法や構文のツボを押さえましょう。

❶ Many distinguished authors famously got their start by winning our **competition**.
私たちのコンテストに受賞することで多くの著名な作家が有名になりました。

❷ Five selected pieces will appear in the magazine as well as be given a **plaque**.
選ばれた 5 作品が雑誌に掲載され、盾が贈られます。

❸ All **submissions** must be made electronically by June 15.
すべての提出は、6 月 15 日までに電子的に行う必要があります。

コンテストに関する表現

- **participate in a contest**（コンテストに参加する）
- **more than 500 contestants**（500人以上の出場者）
- **win the competition**（コンクールで勝つ）
- **award cash prizes**（賞金を授与する）
- **receive a plaque**（記念の盾を受け取る）
- **be entered into a drawing for a gift**（ギフトの抽選に登録される）
- **announce the finalists on May 15**（5月15日に最終選考者を発表する）
- **Submissions after the deadline will not be considered.**
（締切後の提出物は考慮されない）

Questions 1 through 5 refer to the following information and e-mail.

We are pleased to announce our 5th Annual Short Story Competition. This is your chance to have your work published in the popular Grand Entertainment magazine! Many distinguished authors famously got their start by winning our competition. Among them are world-renowned novelists Ryan Sasaki and Patricia Jackson! You could be next! Five selected pieces will appear in the magazine as well as be given a plaque, and the one that gets the *Grand Entertainment* Award will win $3,000 in cash.

Submitted stories must be original, unpublished works of fiction not exceeding 2,000 words in length. All submissions must be made electronically by June 15. Please include a cover sheet containing the author name, story title, and word count, along with a complete mailing address, e-mail address, and phone number. Also, all candidates will be entered into a drawing for a leather book cover.

For more details about registration and guidelines, please visit our Web site: www.tranbar.com/contest.html. We are looking forward to your submission! Being a published author is within your reach!

To:	Beth Malloy
From:	Robert Barker
Date:	July 20
Subject:	Congratulations!

Congratulations! Your wonderful story has been selected for the Grand Entertainment Award among over 200 submissions to be featured in the November issue of Grand Entertainment magazine.

Before we send your work to the magazine, we would like to have an editor review and, if necessary, revise it. Revisions would be sent to you for your approval before publication. If you agree to this, please reply to this e-mail by August 31. Final editions will be submitted to Grand Entertainment on September 20.

We are looking forward to hearing from you soon.

Sincerely,
Robert Barker and the Short Story Competition team

<<< **Step3** 速トレ Audio ▶ 099

P.12の5つの手順に従い、Part 7の英文を何度も声に出して読む速読トレーニングを行いましょう。

Check 左ページの英文を読んで、1～5の問題に答えてください。

1. What is the purpose of the information?

(A) To request for revisions
(B) To publicize a contest
(C) To announce a winner
(D) To profile famous authors

2. What is NOT mentioned in the information?

(A) Submission is accepted only by e-mail.
(B) Stories may appear in a magazine.
(C) Professional writers cannot participate.
(D) Contact information must be provided.

3. Who most likely is Mr. Barker?

(A) A committee member
(B) A magazine editor
(C) A published author
(D) A competition winner

4. What is suggested about Ms. Malloy?

(A) She has participated in the event before.
(B) She has exceeded the word limit.
(C) She will attend the awards ceremony.
(D) She will receive a monetary gift.

5. What is Ms. Malloy asked to do by August 31?

(A) Submit a piece of writing
(B) Correct some errors
(C) Confirm her agreement
(D) Provide her photo

日本語訳

第5回年次短編小説コンペティションを発表できることをうれしく思います。人気の『Grand Entertainment』誌に作品を掲載するチャンスです！　多くの著名な作家は、私どものコンペティションに勝つことで有名になって（キャリアを）スタートしました。その中には世界的に有名な小説家のRyan SasakiとPatricia Jacksonがいます！　次はあなたかもしれません！　選ばれた5作品が同誌に掲載され、記念額が贈られます。Grand Entertainment賞の1つでは、現金で3000ドルを獲得できます。

提出するストーリーは、オリジナルの未発表のフィクション作品で、2000語を超えない長さである必要があります。すべての提出は6月15日までに電子的に行う必要があります。著者名、小説のタイトル、単語数、完全な住所、Eメールアドレス、電話番号を含むカバーシートが含まれるようにしてください。また、候補者全員が革のブックカバーの抽選に参加します。

登録とガイドラインの詳細については、当社のWebサイトwww.tranbar.com/contest.htmlをご覧ください。みなさまのご応募をお待ちしております！　本を出す作家になることはもう目前です！

宛先：Beth Malloy
送信者：Robert Barker
日付：7月20日
件名：おめでとうございます！

おめでとうございます！　あなたの素晴らしいストーリーは、『Grand Entertainment』誌の11月号に掲載される200以上の応募の中からGrand Entertainment賞に選ばれました。

あなたの作品を雑誌に送る前に、編集者によるレビューをお願いします。レビューは必要に応じて修正されます。公開する前に、あなたの承認を得るために修正版が送信されます。この件に同意される場合は、8月31日までにこのメールにご返信ください。最終版は9月20日に『Grand Entertainment』に提出されます。ご連絡をお待ちしております。

よろしくお願いいたします。

Robert Barkerと短編小説コンペティションチーム

Check 日本語訳

1. この情報の目的は何ですか？
(A) 修正を要求すること
(B) コンテストを宣伝すること
(C) 勝者を発表すること
(D) 有名作家を紹介すること

2. 情報に述べられていないものは何ですか？
(A) 提出はEメールでのみ受け付けられる。
(B) ストーリーは雑誌に掲載されるかもしれない。
(C) プロの作家は参加できない。
(D) 連絡先情報を提供しなければならない。

3. Barkerさんは誰だと考えられますか？
(A) 委員会のメンバー
(B) 雑誌編集者
(C) 出版したことのある著者
(D) コンテストの勝者

4. Malloyさんについて何が示唆されていますか？
(A) 以前にイベントに参加したことがある。
(B) 語数の制限を超えた。
(C) 授賞式に出席する。
(D) 金銭を受け取る。

5. Malloyさんは8月31日までに何をするように頼まれましたか？
(A) 文章を提出する
(B) 間違いを修正する
(C) 同意を示す
(D) 写真を提供する

Check 解答・解説

1. 正解（**B**）
冒頭から Annual Short Story Competition のお知らせとあり、その後にコンテストの詳細が伝えられている。これを要約している (B)「コンテストを宣伝する」が正解。

2. 正解（**C**）
情報に書かれている内容を消去して、残ったものが正解となる問題。第 1 段落 2 行目に This is your chance to have your work published in Grand Entertainment magazine、「出版されるチャンスだ」とあるので (B) は書かれている。また、第 2 段落 2 行目に All submissions must be made electronically とあり、これが (A)「提出は E メールのみで受け入れられる」のこと。さらに提出について Please include...along with a complete mailing address, e-mail address, and phone number. とある。これは提出すべき情報を contact information（連絡先の情報）と要約した (D) のこと。よって、書かれていないのは (C)。

3. 正解（**A**）
Mr. Barker とは、メールの差出人。Ms. Malloy が Grand Entertainment Award に選ばれたことを伝えていたり、メールの最後の署名に Robert Barker and the Short Story Competition team とあることからも、(A)「委員会の一員」だと考えられる。

4. 正解（**D**）
Ms. Malloy とはメールの受取人。冒頭に Grand Entertainment Award に選ばれたとある。また、1 つめの文書の第 1 段落最後に the one that gets the Grand Entertainment Award will win $3,000 in cash と書かれているので、この賞を受賞した Ms. Malloy は $3,000 を手にすることがわかる。よって、正解は (D)「金銭（＝賞金）を受け取る」。

5. 正解（**C**）
August 31 までにすべきことを読み取る。メールの第 2 段落で内容の修正の可能性について述べられ、If you agree with this, please reply to this e-mail by August 31. と依頼されている。同意を示すことが求められているため、(C) が正解。

Unit 7- 4

Step1 語句学習

Audio ▶ 100

本文に出てくる重要語句の音声を聞いてリピートしましょう。

1.	primary responsibility	主な職務 primary = main
2.	pursue	追求する 名 pursuit (追求)
3.	report directly to...	～に直属する
4.	fluency	流暢さ
5.	be commensurate with...	～に応じる
6.	reference	照会先
7.	demonstrate	発揮する = show
8.	counterpart	異なる組織の同等の人
9.	novice	初心者 = beginner ⟷ expert
10.	asset	資産

Step2 文法・構文学習

Audio ▶ 101

本文に出てくる文法や構文のツボを押さえましょう。

❶ We are currently **seeking** a Business Development Manager with experience in the region.
この地域での経験を持つビジネス開発マネージャーを現在募集しています。

❷ Successful **candidates** will report directly to Stuart Johnson, the vice president.
採用に至った候補者は副社長のスチュアート・ジョンソンに直属されます。

❸ **Applicants** must have extensive experience of market research with at least four years of managerial experience.
応募者は市場調査に関する豊富な経験を持ち、少なくとも 4 年の管理職の経験があることが望ましいです。

求人広告によくある表現

- **We are seeking individuals to serve as engineers.**
（エンジニアとして勤務していただける方を募集しています）
- **The qualified candidates must have a degree in science or a related field.** （資格のある候補者は科学または関連分野での学位が必須です）
- **Prior work experience is required / a must.** （職務経験が必須です）
- **Computer programming skills are preferred / desirable / a plus.**
（コンピュータプログラミングのスキルがあることが望ましいです）
- **Please send us your résumé and a list of references.**
（履歴書と照会先リストをお送りください）
- **Selected applicants will be invited for an interview.**
（選ばれた応募者は面接にお越しいただきます）

Questions 1 through 5 refer to the following advertisement and e-mail.

Harrisburg Agricultural Chemicals is looking to expand its business operations into Japan. For this reason, we are currently seeking a Business Development Manager with experience in the region to assist our team in establishing an operational base. The primary responsibilities include identifying and pursuing potential local partnerships. Successful candidates will report directly to Stuart Johnson, the vice president of Business Development.

Applicants must have extensive experience of market research with at least four years of managerial experience, with fluency in both English and Japanese preferred. The salary amount will be commensurate with experience. Please send a résumé, cover letter, and list of references to Rebecca Brown at r.brown@harrisburgac.com with the subject: Application #1099.

To:	Rebecca Brown
From:	Margaret Jansen
Date:	April 5
Subject:	Jeff Rivers

Dear Rebecca Brown,

I am responding to your reference request for Jeff Rivers. It is my pleasure to recommend him for the managerial position at Harrisburg Agricultural Chemicals.

Since he joined Starburns Pharmaceuticals over a decade ago, I have been working as his supervisor. Over the years, Mr. Rivers has demonstrated outstanding skills as a market researcher, including the past three years as marketing manager. While he has never worked abroad long-term, he has been on several business trips to Japan for managerial purposes, where he has created strong connections with Japanese counterparts even with his novice level of Japanese. I am confident that his extensive knowledge and exceptional analytical skills will be a positive asset to your company.

Sincerely yours,
Margaret Jansen

<<< Step3 速トレ Audio ▶ 102

P.12の5つの手順に従い、Part 7の英文を何度も声に出して読む速読トレーニングを行いましょう。

Check 左ページの英文を読んで、1～5の問題に答えてください。

1. What is indicated about Harrisburg Agricultural Chemicals?

(A) It has merged with a company.
(B) It has a business expansion plan.
(C) It is headquartered in Japan.
(D) It has developed a new chemical product.

2. Who most likely is Stuart Johnson?

(A) A spokesperson
(B) A successful candidate
(C) A corporate executive
(D) A market researcher

3. What is suggested about Ms. Jansen?

(A) She used to work with Rebecca Brown.
(B) She interviewed Mr. Rivers.
(C) She graduated from the same college as Mr. Rivers.
(D) She was put on a list that Mr. Rivers made.

4. What requirement does Mr. Rivers NOT meet?

(A) A specified subject
(B) Fluency in Japanese
(C) The length of a managerial role
(D) Experience as a researcher

5. According to Ms. Jansen, what has Mr. Rivers achieved?

(A) He established a relationship with other managers.
(B) He developed foreign language skills.
(C) He worked with Harrisburg Agricultural Chemicals.
(D) He created an analytical tool for market research.

日本語訳

Harrisburg Agricultural Chemicalsは、日本への事業拡大を目指しています。このため、現在、この地域でチームが運用基盤を確立するのを支援しくれる経験を持つ事業開発マネージャーを募集しています。主な責任には、潜在的な地域のパートナーシップを特定して追求することが含まれます。採用された候補者は、事業開発担当副社長のStuart Johnsonの直属の部下になります。

応募者は、市場調査に関する豊富な経験を持ち、少なくとも4年の管理職の経験が必要であり、英語と日本語の両方に堪能であることが望ましいです。給与額は経験に応じます。履歴書、カバーレター、および推薦状のリストを、「お申し込み#1099」という件名を付けてr.brown@harrisburgac.comのRebecca Brown宛てにお送りください。

宛先：Rebecca Brown
送信者：Margaret Jansen
日付：4月5日
件名：Jeff Rivers

Rebecca Brown様

Jeff Rivers氏への照会リクエストにお返事致します。Harrisburg Agricultural Chemicalsの管理職に彼を推薦することは私の喜びです。

彼が10年以上前にStarburns Pharmaceuticalsに入社して以来、私は彼の上司として働いています。Rivers氏は、過去3年間のマーケティング・マネージャーを含め、長年にわたって市場調査員として卓越したスキルを発揮してきました。海外で長期間働いたことはありませんが、管理の目的で日本に何度か出張し、初級レベルの日本語で日本人の担当者たちと強いつながりを築いてきました。幅広い知識と卓越した分析スキルは、御社にとって有益な資産になると確信しています。

敬具
Margaret Jansen

Check 日本語訳

1. Harrisburg Agricultural Chemicals について何が示されていますか？
(A) 会社と合併した。
(B) 事業拡大計画がある。
(C) 本社は日本にある。
(D) 新しい化学製品を開発した。

2. Stuart Johnson は誰だと考えられますか？
(A) 広報担当者
(B) 採用された候補者
(C) 企業の重役
(D) 市場調査員

3. Jansen さんについて何が示唆されていますか？
(A) Rebecca Brown と一緒に働いていた。
(B) Rivers さんの面接をした。
(C) Rivers 氏と同じ大学を卒業した。
(D) Rivers 氏が作成したリストに載せられた。

4. Rivers 氏が満たしていない要件は何ですか？
(A) 指定された件名
(B) 日本語の流暢さ
(C) 管理職としての長さ
(D) 研究者としての経験

5. Jansen さんによると、Rivers さんは何を成し遂げたのですか？
(A) 他のマネージャーとの関係を確立した。
(B) 外国語スキルを磨いた。
(C) Harrisburg Agricultural Chemicals と協力した。
(D) 市場調査用の分析ツールを作成した。

Check 解答・解説

1. 正解（B）

広告の冒頭でHarrisburg Agricultural Chemicals is looking to expand its business operations into Japan.と書かれている。「日本に事業活動を拡大する予定である」とのことから「事業拡大計画がある」と言い換えている(B)が正解。

2. 正解（C）

第1段落の最後にSuccessful candidates will report directly to Stuart Johnsonと採用された人物が直属する人物名にStuart Johnsonとあり、続いてthe vice president of Business Developmentと肩書が添えられている。これを言い換えている(C)「会社の重役」が正解。

3. 正解（D）

Ms. Jansenはメールの差出人。メールの冒頭でI am responding to your reference request for Jeff Rivers.と、求人広告への応募者であるJeff Riversに関する照会のリクエストへの返事であることが述べられている。Ms. Jansenにこのリクエストが送られてきたのは、求人広告の後半に書かれている提出物list of references（照会先のリスト）に名前と連絡先が掲載されていたためだと考えられる。よって、正解は(D)「Mr. Riversが作成したリストに掲載されていた」である。

4. 正解（C）

満たしていない必要条件については、求人広告に書かれた条件と、Mr. Riversの経歴を関連させる。求人広告の第2段落2行目に...at least four years of managerial experience（最低4年のマネージャー経験）とあるのに対して、メールの第2段落に...the past three years as marketing managerとマネージャー経験が3年しかないことがわかる。よって、満たしていないのは(C)の「管理職としての長さ」。

5. 正解（A）

Mr. Riversが行ったことを読み取る。メールの第2段落5行目に日本への出張について書かれており、where he has created strong connections with Japanese counterparts（彼は日本のcounterpartsと強いつながりを作ってきた）とある。Mr. Riversはマネージメントの目的で日本に出張したとあるため、counterparts（異なる組織の同等の人）とは、日本のマネージャーのこと。よって、正解は(A)の「他のマネージャーとの関係を築いた」である。

Unit 7- 5

Step1 語句学習

Audio ▶ 103

本文に出てくる重要語句の音声を聞いてリピートしましょう。

1.	in return	お返しに、お礼に
2.	reward	与える
3.	by far the best	ずば抜けて良い
4.	in particular	特に
5.	drawback	欠点
6.	be eligible for...	～の資格がある
7.	waive	免除する
8.	exclusive benefits	限定の特典
9.	referral	推薦 動 refer（紹介する）
10.	privilege	特権、特典

Step2 文法・構文学習

Audio ▶ 104

本文に出てくる文法や構文のツボを押さえましょう。

❶ In return, you will be rewarded **a discount coupon for 20 percent off** any future stay.
返礼として、次回以降の滞在が 20%割引になる割引クーポンが提供されます。

❷ If you sign up **within 14 days** from your departure date, the membership fee will be waived.
出発日から 14 日以内に申し込むと、会費は免除されます。

❶ 特典に関する表現

- **You will be rewarded a coupon / voucher.**
（クーポンをもらえます）
- **You can receive exclusive benefits.**
（限定の特典を受け取ることができます）
- **Refer a friend, and get a bonus.**
（友達を紹介して、ボーナスを受け取ってください）
- **Please enter your referral code.**
（紹介コードを入力してください）

❷ 有効期限を伝える表現

- **Please sign up within 14 days from your departure date to receive points.**
（ポイントを受け取るために、出発日から14日以内にお申し込みください）
- **The voucher is valid for two years from the date of issue.**
（割引券は発行日から2年間有効です）
- **The warranty is good for three years from the date of purchase.**
（保証は購入日から3年間有効です）

Questions 1 through 5 refer to the following questionnaire, information, and e-mail.

Thank you very much for staying at Grand Fines Hotel. Your feedback is very important to us. Please take a moment to fill out this questionnaire to let us know how we can better serve our customers. We ask that you evaluate us based on the four categories below on a scale of 1 to 5 (with 5 being excellent and 1 being poor). In return, you will be rewarded a discount coupon for 20 percent off any future stay.

Name: Kate Wang **Departure Date:** October 2

Room: [5] [4] ([3]) [2] [1] **Facilities:** [5] ([4]) [3] [2] [1]

Staff: ([5]) [4] [3] [2] [1] **Restaurants:** [5] ([4]) [3] [2] [1]

Comments

It was my first visit to New York, and it's not too much to say that Grand Fines Hotel is by far the best hotel I've ever stayed at. In particular, all of the staff members are highly experienced and provide exceptional service. The only drawback, however, was that I wasn't able to look out at the ocean because my windows were covered due to temporary renovations.

Welcome to the Grand Fines Hotel Rewards Program

Dear Kate Wang,

Thank you very much for joining the Grand Fines Hotel Rewards Program! As you are eligible for a new member promotion, the membership fee has been waived. Our Rewards Program offers a number of exclusive benefits including referral points, discounted rates, as well as early check-in and late check-out privileges. When any friend you've referred completes their first point-eligible stay, you each will receive 1,000 bonus points. Please make sure your friends book through our official Web site using your referral code to ensure everyone is properly rewarded. Thank you again for signing up and we look forward to serving you again.

To:	Jessica Morgan
From:	Grand Fines Hotel
Date:	February 15
Subject:	Invoice

Dear Ms. Morgan,

Thank you very much for reserving a room. Attached is the invoice for your upcoming stay. Please make your payment by the due date.
You were referred by Kate Wang (referral # 294859).

To show our appreciation, you will both be rewarded 1,000 bonus points. To receive your points, please become a member of our Rewards Program by visiting http://grandfines.com/rewards/signup.html. An application form will be placed in your room as well. If you sign up within 14 days from your departure date, the membership fee will be waived.

Once again, thank you very much for choosing Grand Fines Hotel. We are looking forward to serving you soon.

Grand Fines Hotel

<<< **Step3** 速トレ Audio ▶ 105

P.12の5つの手順に従い、Part 7の英文を何度も声に出して読む速読トレーニングを行いましょう。

Check 前ページの英文を読んで、1～5の問題に答えてください。

1. What critique did Ms. Wang provide?

(A) Some staff members were inexperienced.
(B) The room was noisy.
(C) She could not enjoy the scenery.
(D) She was overcharged by mistake.

2. What is NOT included in the benefits of the rewards program?

(A) A longer time at the hotel
(B) A reduced price
(C) A room upgrade
(D) Bonus points

3. In the e-mail, the word "placed" in paragraph 2, line 4, is closest in meaning to

(A) employed
(B) filled
(C) open
(D) ready

4. What is true about Ms. Morgan?

(A) She is an existing member of the rewards program.
(B) She works with Ms. Wang.
(C) She has already completed her payment.
(D) She made a reservation through the hotel's Web site.

5. What is suggested about Ms. Wang?

(A) She joined the reward program in October.
(B) She forgot to provide her referral code.
(C) She will stay at Grand Fines Hotel with Ms. Morgan.
(D) She has earned referral points before.

日本語訳

Grand Finesホテルにご宿泊いただき、誠にありがとうございます。お客様のフィードバックは私どもにとって非常に重要です。このアンケートにご記入の上、お客様により良いサービスを提供する方法をお知らせください。以下の4つのカテゴリーに基づいて、1から5の基準で評価してください（5は大変良かった、1は良くなかった）。その返礼として、次回以降の滞在が20%割引になる割引クーポンが提供されます。

名前：Kate Wang　出発日：10月2日
部屋：[3]　設備：[4]
スタッフ：[5]　レストラン：[4]

コメント
ニューヨークへの初めての訪問でしたが、Grand Finesホテルは私がこれまで滞在した中で断然最高のホテルであると言っても過言ではありません。特に、スタッフ全員が経験豊富で優れたサービスを提供しています。しかし、唯一の欠点は、一時的な改修のために窓が覆われていたため、海を眺めることができなかったことです。

Grand Finesホテルリワードプログラムへようこそ

Kate Wang様
Grand Finesホテルリワードプログラムにご参加いただき、誠にありがとうございます。お客様は新会員プロモーションの対象となるため会費は免除されます。私どものリワードプログラムでは紹介ポイント、割引料金、アーリーチェックインとレイトチェックアウトの特典など、さまざまな特典をご利用いただけます。お客様にご紹介いただいたご友人がポイント対象の最初の滞在を完了すると、それぞれが1,000ボーナスポイントを受け取ります。みなさんがポイントを受けられるように紹介コードを使用して公式Webサイトからご友人が予約するようにしてください。改めまして、お申し込みいただきありがとうございます。またお役に立てることを楽しみにしています。

宛先：Jessica Morgan
送信者：Grand Finesホテル
日付：2月15日
件名：請求書

Morganさん、お部屋をご予約いただき、誠にありがとうございます。添付されているのは、今度の滞在の請求書です。期日までにお支払いください。
あなたはKate Wangから紹介されました（紹介番号294859）。

感謝の気持ちを表すために、おふたりに1,000ボーナスポイントが与えられます。ポイントを受け取るにはhttp：//grandfines.com/rewards/signup.htmlにアクセスして、リワードプログラムのメンバーになってください。申請書はお部屋にも置いてあります。出発日から14日以内に申し込むと、会費は免除されます。

改めまして、Grand Finesホテルをお選びいただき、誠にありがとうございます。みなさまのご利用を心よりお待ちしております。

Grand Finesホテル

Check 日本語訳

1. Wangさんはどのような批評をしましたか？
(A) 一部のスタッフは経験が浅い。
(B) 部屋がうるさかった。
(C) 景色を楽しめなかった。
(D) 彼女は誤って請求された。

2. リワードプログラムの特典に含まれていないものは何ですか？
(A) ホテルでの滞在時間の延長
(B) 割引価格
(C) 部屋のアップグレード
(D) ボーナスポイント

3. Eメールの第2段落・4行目にあるplacedに最も意味が近いのは
(A) 雇用されて
(B) 記入されて
(C) 開いている
(D) 準備されて

4. Morganさんについて正しいのは何ですか？
(A) リワードプログラムの既存のメンバーである。
(B) Wangさんと一緒に働いている。
(C) すでに支払いを完了している。
(D) ホテルのWebサイトから予約した。

5. Wangさんについて何が示唆されていますか？
(A) 10月にリワードプログラムに参加した。
(B) 紹介コードを提供するのを忘れた。
(C) Morganさんと一緒にGrand Finesホテルに滞在する。
(D) 以前に紹介ポイントを獲得したことがある。

Check 解答・解説

1. 正解（C）

Ms. Wang のコメントから批評の内容を読み取る。コメント欄の 4 行目に The only drawback, however（唯一の欠点は）とあり、I wasn't able to look out at the ocean...として海が見えなかったことが書かれている。これを意味する (C) の「景色を楽しめなかった」が正解。

2. 正解（C）

rewards program の特典について書かれているものを消去していく。2 つめの文書が入会に関する書類であり、3 行目に Our Rewards Program offers a number of exclusive benefits... と特典について書かれている。その後に続く referral points（紹介ポイント）が (D)、discounted rates が (B)、そして early check-in and late check-out privileges が (A) のこと。よって (C) が正解。

3. 正解（**D**）

An application form will be placed in your room as well. の placed は、「置かれている」のこと。つまり、申込用紙が部屋に準備されていることを意味しているため、同義語は (D)。

4. 正解（**D**）

Ms. Morgan はメールの受取人。メールの冒頭から、ホテルの部屋を予約したことがわかる。You were referred by Kate Wang (referral # 294859). とあって Wang さんから紹介されたことも示されおり、第 2 段落の冒頭で、ボーナスポイントが与えられることが書かれている。2 つめの文書の後半に、Please make sure your friends book through our official Web site using your referral code to ensure everyone is properly rewarded. とあって、ポイントをもらうためには公式ウェブサイトで紹介コードを使うことに言及されていることからも、Ms. Morgan はウェブサイトから予約したことがわかる。正解は (D)。2 カ所の情報を関連させないと解けない問題だ。

5. 正解（**A**）

2 つめの文書の 2 行目に As you are eligible for a new member promotion, the membership fee has been waived. とあって、入会金が免除されたことが書かれている。入会金については、3 つめの文書の第 2 段落 4 行目において、If you sign up within 14 days from your departure date, the membership fee will be waived. とあって、ホテル滞在から 14 日以内の入会で会費が免除になるとされている。この 2 カ所の情報から、Ms. Wang も出発から 14 日以内に入会したことが推測できる。1 つ目の文書にある Ms. Wang の出発日を確認すると Departure Date に October 2 とある。この日から 2 週間以内と考えると、申し込んだのは October であるため、正解は (A)。

Unit 7-6

Step1 語句学習 Audio ▶ 106

本文に出てくる重要語句の音声を聞いてリピートしましょう。

1.	of its kind	同種類の
2.	venue	会場 =place
3.	exhibitor	出展者 動 exhibit（展示する）
4.	mid-size company	中規模の会社
5.	economical	安価な、経済的な =reasonable
6.	gain recognition	認知度を高める 動 recognize（認知する）
7.	boost	促進する =improve
8.	top-notch	一流の
9.	unanimously	全会一致で =totally
10.	on second thought	考え直した結果

Step2 文法・構文学習

Audio ▶ 107

本文に出てくる文法や構文のツボを押さえましょう。

It is a venue **where** companies, big and small, can effectively connect with a large number of job seekers from across the country.
会社の規模の大小を問わず、全国の多数の求職者と効果的につながれる場所です。

関係副詞whereの使い方

関係副詞**where**は直前の名詞に対して「誰が何をする／した場所か」をつなぐ際に使われます。

・The exhibition is a venue where companies can connect with talented people.（展示会は会社が才能ある人々とつながることができる場所です）

whereの代わりに「前置詞＋**which**」で表すこともできます。

・The exhibition is a venue at which companies can connect with talented people.
（展示会は、企業が才能ある人々とつながることができる場所です）

なお、場所以外に対しても使うことができます。

・We are currently facing the situation where we need to change strategies.
（現在、戦略を変える必要がある状況に直面しています）

・We came to the point where we need to hire additional staff.
（私たちは追加のスタッフを採用する必要があるポイントまで来ています）

Questions 1 through 5 refer to the following advertisement, Web page, and e-mail.

Want to attract top talent to your job openings? Grand Times Connections Ltd. is pleased to announce our 12th annual Job Fair at Parkinson Hall to be held from November 1 to 3. Grand Times Job Fair is one of the largest of its kind in the country. It is a venue where companies, big and small, can effectively connect with a large number of job seekers from across the country. Over 90 percent of previous participants commented that they were happy to have networked with prospective employees at our fair.

All exhibitor packages include a job booth, your company name and logo with a link to your company's job page on the fair's Web site. This year, we will offer virtual booths for the first time ever, allowing you to connect with people from all over the world! For more information regarding package types and registration, please visit the fair's official Web site at www.grandtimes.com/jobfair.

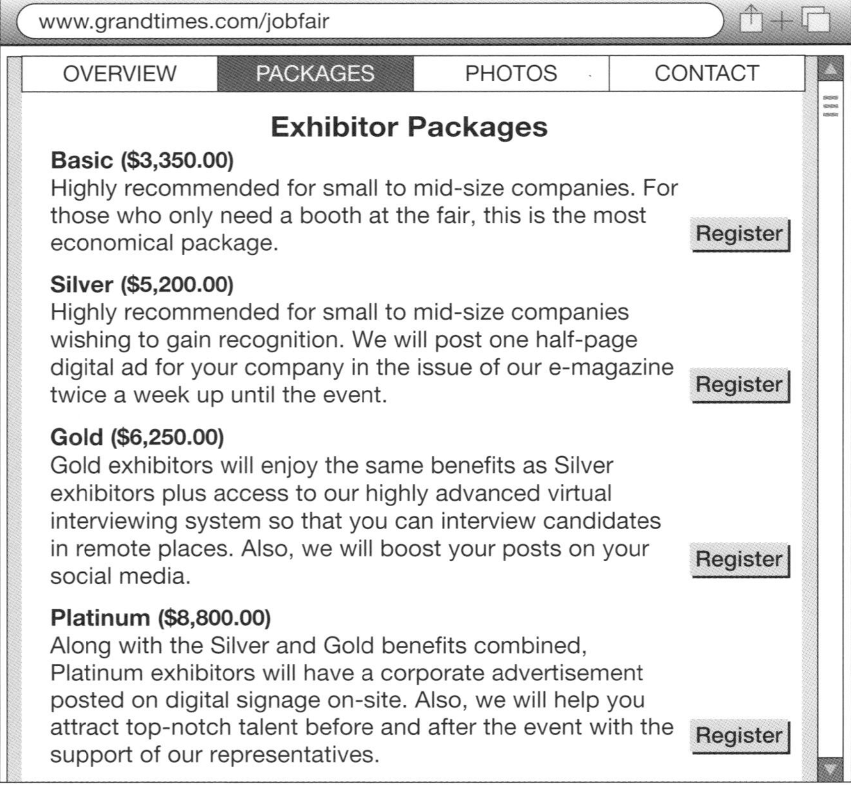

www.grandtimes.com/jobfair

OVERVIEW | PACKAGES | PHOTOS | CONTACT

Exhibitor Packages

Basic ($3,350.00)
Highly recommended for small to mid-size companies. For those who only need a booth at the fair, this is the most economical package. Register

Silver ($5,200.00)
Highly recommended for small to mid-size companies wishing to gain recognition. We will post one half-page digital ad for your company in the issue of our e-magazine twice a week up until the event. Register

Gold ($6,250.00)
Gold exhibitors will enjoy the same benefits as Silver exhibitors plus access to our highly advanced virtual interviewing system so that you can interview candidates in remote places. Also, we will boost your posts on your social media. Register

Platinum ($8,800.00)
Along with the Silver and Gold benefits combined, Platinum exhibitors will have a corporate advertisement posted on digital signage on-site. Also, we will help you attract top-notch talent before and after the event with the support of our representatives. Register

To:	Mami Brown
From:	Michael Malloy
Date:	April 8
Re:	Job fair

Mami,
I've had a discussion with the hiring team, and we unanimously agreed that your suggested package would be the best choice for the job fair. As we want to hire a few talented engineers who can work efficiently from anywhere in the world, we definitely need to conduct interviews online. Personally, I thought it would be nice to get support even after the event, but on second thought, it doesn't seem to be as cost-effective as it should be. So, let's go ahead with your suggestion.

Regards,
Michael Malloy

<<< **Step3** 速トレ Audio ▶ 108

P.12の5つの手順に従い、Part 7の英文を何度も声に出して読む速読トレーニングを行いましょう。

Check 前ページの英文を読んで、1~5の問題に答えてください。

1. What is true about the job fair?

(A) It is intended for a specific industry.
(B) It will last for a week.
(C) It takes place every year.
(D) It is intended for start-up companies.

2. What is stated about the previous participants?

(A) Most of them used a virtual interview system.
(B) They will be offered a discount.
(C) Their comments appear on the Web site.
(D) Most of them were satisfied with the outcome.

3. What is suggested about the exhibitor packages?

(A) Some of them include e-magazine distribution.
(B) One of them includes a virtual booth.
(C) Some of them are limited to small companies.
(D) One of them is available for past participants.

4. In the Web page, the word "advanced" in paragraph 3, line 2, is closest in meaning to

(A) additional
(B) future
(C) innovative
(D) complex

5. What package did Ms. Brown most likely suggest?

(A) Basic
(B) Silver
(C) Gold
(D) Platinum

日本語訳

あなたの求人にトップの人材を引き付けたいですか？　Grand Times Connections 社は 11 月 1 日から 3 日までパーキンソンホールで第 12 回年次就職説明会が開催されることを発表します。Grand Times 就職フェアは、国内最大級の就職説明会です。会社規模の大小を問わず、全国の多数の求職者と効果的につながることができる場所です。以前の参加者の 90%以上が私たちのフェアで従業員候補者とネットワークを築けたことを嬉しく思っているとコメントしました。

すべての出展者パッケージには、求人ブース、会社名、ロゴ、フェアの Web サイトにある会社の求人ページへのリンクが含まれています。今年は初めてバーチャルブースを提供しますので、世界中の人々とつながることができます！　パッケージの種類と登録の詳細については、フェアの公式 Web サイト（www.grandtimes.com/jobfair）にアクセスしてください。

---

www.grandtimes.com/jobfair

概要　パッケージ　写真　連絡先

出展者パッケージ

ベーシック（$ 3,350.00）
中小企業に強くお勧めします。フェアでブースだけが必要な方にとって、これは最も経済的なパッケージです。

シルバー（$ 5,200.00）
認知度を高めたい中小企業に強くお勧めします。イベントまで週 2 回、私どものメルマガに御社用の半ページのデジタル広告を掲載します。

ゴールド（$ 6,250.00）
ゴールドの出展者は、シルバーの出展者と同じメリットに加えて、遠隔地で候補者に面接できるように、高度なバーチャル面接システムにアクセスできます。また、ソーシャルメディアへの投稿を強化します。

プラチナ（$ 8,800.00）
シルバーとゴールドのメリットを組み合わせたものに加えて、プラチナの出展者は会場の電子看板に企業広告を掲載します。また、担当者のサポートを得て、イベントの前後に一流の人材を引き付けるお手伝いをします。

宛先：Mami Brown
送信者：Michael Malloy
日付：4 月 8 日
件名：就職説明会

Mami、採用チームと話し合い、あなたが提案したパッケージが就職説明会に最適であることを満場一致で同意しました。世界中のどこからでも効率的に仕事ができる才能のあるエンジニアを何人か雇いたいので、オンラインで面接を行う必要があります。個人的には、イベント終了後も支援してもらえるといいように思いましたが、考え直してみると、それほど費用対効果は高くはないかもしれません。そのため、あなたの提案で進めましょう。

よろしくお願いします。
Michael Malloy

Check 日本語訳

1. 就職説明会について正しいことは何ですか？
(A) 特定の業界を対象としている。
(B) 一週間開催される。
(C) 毎年開催される。
(D) 新興の企業を対象としている。

2. 以前の参加者について何が述べられていますか？
(A) ほとんどはバーチャル面接システムを使用した。
(B) 割引が提供される。
(C) コメントがWebサイトに掲示されている。
(D) ほとんどは結果に満足していた。

3. 出展者パッケージについて何が示唆されていますか？
(A) いくつかはメルマガの配信が含まれる。
(B) 1つに、バーチャルブースが含まれる。
(C) いくつかは中小企業に限定されている。
(D) 1つは、過去の参加者が利用できる。

4. Webページの第3段落・2行目にあるadvancedに最も意味が近いのは
(A) 追加の
(B) 未来の
(C) 革新的な
(D) 複雑な

5. Brownさんはどのパッケージを提案したと考えられますか？
(A) ベーシック
(B) シルバー
(C) ゴールド
(D) プラチナ

Check 解答・解説

1. 正解（C）

広告の冒頭2行目にour 12th annual Job Fairとある。annualという単語から毎年開催されていることがわかるため、(C)の「毎年開催される」が正解。

2. 正解（**D**）

以前の参加者についての記述は、第 1 段落の最後にある。Over 90 percent of previous participants commented that they were happy to have ... とあり、「90% 以上の参加者が喜んでいた」ことがわかる。これを言い換えている (D)「ほとんどが結果に満足している」が正解。

3. 正解（**A**）

2 つめの文書の内容と選択肢を照合する。Silver パッケージの説明に We will post one half-page digital ad for your company in the issue of our e-magazine とメールマガジンで会社の宣伝をすることが伝えられている。また、Gold とあって、Platinum パッケージも Silver の内容を含むため、3 つのパッケージでメールマガジンの配信があることがわかる。よって、(A) の「いくつかはメルマガの配信が含まれる」が正解。

4. 正解（**C**）

our highly advanced virtual interviewing system とは、最新技術を備えたバーチャル面接システムのこと。advanced と置き換えられるのは、(C) の「革新的な」。

5. 正解（**C**）

Ms. Brown とは 3 つ目の文書であるメールの受取人。冒頭で we unanimously agreed that your suggested package would be the best choice... とある。続く文で ...we definitely need to conduct interviews online と、オンラインで面接をする必要性を述べている。その後の文では「イベントの後のサポートがあるとよいと思ったが、費用対効果が高くない」という理由で let's go ahead with your suggestion と Ms. Brown の提案を受け入れている。オンラインでの面接ができるのは Gold と Platinum であり、イベント後のサポートがあるのは Platinum である。以上の内容から Ms. Brown は、イベント後のサポートのないパッケージを提案していると考えられるため、正解は (C)。2 つめと 3 つめの文書の内容を関連させて解答する問題である。

Unit 7- 7

Step1 語句学習 Audio ▶ 109

本文に出てくる重要語句の音声を聞いてリピートしましょう。

1.	streamline	合理化する
2.	internally	内部で ↔ externally（外部から）
3.	tentative	仮の
4.	maximize	最大化する ↔ minimize（最小化する）
5.	on such short notice	直前のお知らせで
6.	be subject to change	変更となる可能性がある
7.	shorten	短くする 形 short（短い） ↔ lengthen（長くする）
8.	in terms of...	～の点で
9.	celebrity	著名人
10.	relevant	関係のある =related（関係のある） ↔ irrelevant（関係のない）

Step2 文法・構文学習

Audio ▶ 110

本文に出てくる文法や構文のツボを押さえましょう。

❶ I have attached a tentative event program.
仮のイベントプログラムを添付しました。

❷ Do you have any suggestions for how we could maximize the effectiveness of the event?
イベントの効果を最大化する方法について何かご提案はありますか？

❸ I realized that you shortened the event from three days to two days.
私はあなたがイベントを 3 日から 2 日に短縮したことに気づきました。

イベントに関する表現

- **Programs are subject to change without prior notice.**
（プログラムは予告なく変更になる可能性があります）
- **The event is open to the public.**
（イベントは一般公開されています）
- **The event is closed to the public.**
（イベントは一般に非公開です）
- **I have attached a tentative schedule.**
（仮のスケジュールを添付しました）
- **The event will start with a keynote speech by Dr. Caroline Bildsoe.**
（イベントはCaroline Bildsoe博士の基調講演から始まります）
- **The event hall can accommodate up to 300 people.**
（イベントホールは最大300人まで収容できます）

Questions 1 through 5 refer to the following e-mails and program.

To: Beth Hoffman
From: Jack Gordon
Date: January 12
Re: Friday's meeting

Dear Ms. Hoffman,

I am writing about Friday's meeting discussing the upcoming Annual Technology Conference. To streamline the meeting, we discussed the project internally. I have attached a tentative event program. We selected experts for each topic and hope these topics will help us attract more potential clients. Based on this, do you have any suggestions for how we could maximize the effectiveness of the event? If possible, please propose any ideas that you may have by Thursday. I'm sorry to ask this of you on such short notice.

Best regards,
Jack Gordon

Annual Technology Conference
Sponsored by Maxtern Tech
Event location: Marina Hall

Dates: May 5 (Saturday) & May 6 (Sunday)

*Programs are subject to change without prior notice.

Presenters	**Topics**
Mark Griffith	Next-generation mobile carriers
Sally Thompson	Robotic technology for construction sites
Bill Evans	Maximizing online businesses
Jill Thorpe	Advertising with social media

To:	Jack Gordon
From:	Beth Hoffman
Date:	February 3
Re:	Re: Friday's meeting

Dear Mr. Gordon,

Thank you very much for the update. I realized that you shortened the event from three days to two days, which is a good idea in terms of cost. My suggestion is to open the event up to individuals for the first time in its history. Especially, I'd like to attract freelance workers who are involved in online business. Another possibility would be to invite a local celebrity to give a keynote speech or join a panel discussion about a relevant issue.

Let me know if there is anything else I can do.

Kind regards,
Beth

<<< **Step3** 速トレ Audio ▶ 111

P.12の5つの手順に従い、Part 7の英文を何度も声に出して読む速読トレーニングを行いましょう。

Check 前ページの英文を読んで、1〜5の問題に答えてください。

1. What is the main purpose of the first e-mail?

(A) To invite Ms. Hoffman to an event
(B) To request a schedule change
(C) To submit meeting minutes
(D) To ask for suggestions

2. What change has been made to the event program?

(A) Presenters
(B) The length of the event
(C) The location of the event
(D) Topics

3. In the second e-mail, what is suggested about Annual Technology Conference?

(A) Participants have been limited to company workers.
(B) Presenters belong to Maxtern Tech.
(C) The admission fee varies according to client.
(D) The deadline for application has passed.

4. According to Ms. Hoffman, which speaker is attractive for freelance workers?

(A) Mark Griffith
(B) Sally Thompson
(C) Bill Evans
(D) Jill Thorpe

5. In the second e-mail, the word "issue" in paragraph 1, line 7, is closest in meaning to

(A) edition
(B) problem
(C) theme
(D) question

日本語訳

宛先：Beth Hoffman
送信者：Jack Gordon
日付：1月12日
件名：金曜日の会議

Hoffmanさん、今度の年次技術会議について話し合う金曜日の会議に関してメールします。会議を合理化するために、プロジェクトについて社内で話し合いました。仮のイベントプログラムを添付しました。トピックごとに専門家を選び、これらのトピックがより多くの潜在的なクライアントを引き付けるのに役立つことを願っています。これに基づき、イベントの効果を最大化する方法について何かご提案はありますか？　可能であれば、木曜日までに考えられるアイデアを提案してください。直前のお知らせで申し訳ありません。よろしくお願いします。

Jack Gordon

年次技術会議
後援 MaxternTech
イベント会場：マリーナホール
日程：5月5日（土）&5月6日（日）
※プログラムは予告なく変更する場合があります。

プレゼンター	トピック
Mark Griffith	次世代携帯電話会社
Sally Thompson	建設現場向けのロボット技術
Bill Evans	オンラインビジネスの最大化
Jill Thorpe	ソーシャルメディアによる広告

宛先：Jack Gordon
送信者：Beth Hoffman
日付：2月3日
件名：Re：金曜日の会議

Gordonさん、最新情報をありがとうございます。イベントを3日から2日に短縮したことに気づきました。これはコストの面で良い考えです。私の提案は、史上初めて個人にイベントを開放することです。特に、オンラインビジネスに携わるフリーランスの労働者を引き付けたいと思います。別の可能性は、地元の有名人を招待して基調講演を行ったり、関連する問題についてのパネルディスカッションに参加したりすることです。

他に私にできることがあれば教えてください。

敬具
Beth

Check 日本語訳

1. 最初のEメールの主な目的は何ですか？
(A) Hoffmanさんをイベントに招待すること
(B) スケジュールの変更をリクエストすること
(C) 議事録を提出すること
(D) 提案を求めること

2. イベントプログラムにどのような変更が加えられましたか？
(A) プレゼンター
(B) イベントの長さ
(C) イベントの場所
(D) トピック

3. 2つ目のEメールでは年次技術会議について何が示唆されていますか？
(A) 参加者は会社員に制限されてきた。
(B) プレゼンターはMaxternTechに属している。
(C) 入場料は顧客によって異なる。
(D) 申請期限が過ぎた。

4. Hoffmanさんによると、フリーランスの労働者にとって魅力的なスピーカーは誰ですか？
(A) Mark Griffith
(B) Sally Thompson
(C) Bill Evans
(D) Jill Thorpe

5. 2つ目のEメールの第1段落・7行目にあるissueに最も意味が近いのは
(A) 版
(B) 問題
(C) テーマ
(D) 質問

Check 解答・解説

1. 正解（D）

1つめのメールでは、金曜日の会議について内部で話し合ったことや、仮のイベントプログラムを添付したことが伝えられた後、Based on this, do you have any suggestions...? と、提案することを求めている。よって(D) が正解。このように、目的が依頼や苦情などの場合には、状況を説明した後に、目的を伝える流れが多い。

2. 正解（B）

イベントプログラムへの変更を特定する。2つ目のメールのメールの冒頭に I realized that you shortened the event from three days to two days

と、イベントが3日から2日に短縮したことが書かれている。つまり、(B) の「イベントの長さ」が正解。

3. 正解（**A**）

Annual Technology Conferenceとは、1つ目のメールに書かれている金曜日の会議で話し合う内容であり、2つ目の文書にあるイベントのこと。2つ目のメール（3つ目の文書）の3行目にMy suggestion is to open the event up to individuals for the first time in its history. と言い、「初めて個人に公開する」という提案をしている。つまり、これまでは個人に公開していなかったことが推測できるため、(A)の「参加者は会社員に制限されてきた」が正解。

4. 正解（**C**）

Ms. Hoffmanは2つ目のメールの差出人。4行目にI'd like to attract freelance workers who are involved in online business. として、「オンラインビジネスに関わっているフリーランスを引き付けたい」とある。そこで、イベントプログラムにあるMaximizing online businessesが該当するため、このテーマを話す (C) Bill Evansが正解。

5. 正解（**C**）

...or join a panel discussion about a relevant issue（または関連した話題についてのパネルディスカッションに参加する）とあり、issueは「話題」のこと。置き換えられるのは (C) の「テーマ」である。(A) はApril issue（4月号）などのissueの同義語であり、(B) problemもissueの同義語になり得るが、いずれもこの文脈には合わない。

Unit 7- 8

Step1 語句学習

Audio ▶ 112

本文に出てくる重要語句の音声を聞いてリピートしましょう。

1.	shoot	撮影する 過去形／過去分詞は shot
2.	in charge of...	～を担当して
3.	tips	ヒント
4.	aspiring actor	俳優志望者 動 aspire（熱望する）
5.	appreciate	感謝する =thank（感謝する） 名 appreciation（感謝）
6.	sip one's coffee	コーヒーをすする
7.	fascination	強い興味 動 fascinate（魅了する）
8.	insect	昆虫
9.	imaginative	想像力に富んだ 名 imagination（想像力）
10.	touching	人の心を動かす =moving（感動的な）

Step2 文法・構文学習 Audio ▶ 113

本文に出てくる文法や構文のツボを押さえましょう。

I'll be staying at the Charlsby Hotel for the next five days to speak at the University of Portland.
ポートランド大学で講演するために、Charlsby ホテルに 5 日間滞在します。

❶ 予定に関する時制表現will be ～ing【未来進行形】

・**I will be driving a car at 3:00 P.M. tomorrow.**
（明日の午後3時は車を運転している最中です）

上記の文は明日３時の時点では車を運転している最中であることを伝えています。なお、**I will drive a car at 3:00 P.M. tomorrow.**だと、「明日３時に車を運転する」となり、運転の最中であることは意味しません。

・**I will be staying at Pines Hotel in London next week.**
（来週、ロンドンのパインズホテルに滞在します）

「滞在する」という動作よりも「滞在中」であることを伝えています。

❷ 過去のある時点より前のことを表す時制表現【過去完了形】

・**When I visited your office yesterday, you had already left for the meeting.**
（昨日あなたのオフィスを訪問したとき、あなたはすでに会議に向かった後でした）

上記の文は時間的に私が訪問した（**visited**）時よりも、あなたが出発した（**left**）時のほうが前のため、**had left**で時制をずらしています。

・**I shared what I had found to the team members.**
（チームメンバーに私が見つけたことについて共有しました）

Questions 1 through 5 refer to the following e-mails and article.

To:	Martin Parker <martin.parker@oce-film.com>
From:	Robert Sledge <rsledge@springpublisher.com>
Date:	April 28
Subject:	Interview request

Dear Mr. Parker,

Thank you very much for such a great opportunity last week at the National Movie Conference. I was extremely impressed by your speech on how you have shot various types of movies. As I mentioned in our brief conversation during the reception, I am an editor in chief at Spring Publishing in charge of *Life and Career Magazine*.

For our July issue, I would like to interview you for one of the featured articles. It would be great to meet and discuss your life in filmmaking and any tips you might have for aspiring actors and directors. If this interests you, I would like to set up a face-to-face interview at a location of your choice, at your earliest convenience. It will probably take approximately two hours. I appreciate your consideration.

Sincerely,
Robert Sledge

To:	Robert Sledge <rsledge@springpublisher.com>
From:	Martin Parker <martin.parker@oce-film.com>
Date:	April 29
Subject:	Re: Interview request

Dear Mr. Sledge,

Thank you for your e-mail, and I'm glad you had a nice time last week. Yes, I'd love to accept your offer. I'll be staying at the Charlsby Hotel in Los Angeles for the next five days before moving on to Oregon to speak at the University of Portland, where I will stay for two days. I could meet with you either at my hotel or at the university, which I believe is about an hour drive from here.

Let me know which location works best for you. I am free every day this week after 2 P.M.
I look forward to hearing from you.

Sincerely,
Martin Parker

PICK UP FOR AUGUST ISSUE

On one afternoon in Los Angeles, award-winning filmmaker, Martin Parker shared his experience as he sipped his coffee. Martin Parker's interest in film grew thanks to his father having always read him bedtime stories. He would often imagine the scenes of his father's stories in his head. His creativity and fascination with animals and insects kept him very busy as a young boy. "As a child, I really loved watching birds singing to each other. I wondered if they were talking about me, or if they were going to tell my mom that I had done something bad. I still enjoy imagining what animals might be talking about," says Martin. This is some great insight into why Martin's movies are always so imaginative as well as touching.

<<< **Step3** 速トレ Audio ▶ 114

P.12の5つの手順に従い、Part 7の英文を何度も声に出して読む速読トレーニングを行いましょう。

Check　前ページの英文を読んで、1～5の問題に答えてください。

1. What is indicated about Mr. Parker?

(A) He made his movie debut recently.
(B) He shoots different kinds of movies.
(C) He has attended the National Movie Conference before.
(D) He received an award at the National Movie Conference.

2. In the first e-mail, the word "reception" in paragraph 1, line 4, is closest in meaning to

(A) signal
(B) acceptance
(C) intermission
(D) gathering

3. Where most likely was the interview conducted?

(A) At the University of Portland
(B) At the Spring Publishing office
(C) At the Charlsby Hotel
(D) At the National Movie Conference

4. What is suggested about the article?

(A) It has received overwhelmingly positive reviews.
(B) It contains some factual errors.
(C) It will continue in the next issue.
(D) It was published later than originally planned.

5. Why did Mr. Parker mention birds?

(A) To attract children to his new movie
(B) To explain how he got some ideas
(C) To discuss some shooting techniques
(D) To make a comparison about songs

日本語訳

宛先：Martin Parker <martin.parker@oce-film.com>
送信者：Robert Sledge <rsledge@springpublisher.com>
日付：4月28日
件名：インタビュー依頼

Parkerさん、先週の全国映画会議で素晴らしい機会をいただき、ありがとうございました。いろいろな種類の映画をどのように撮影したかについてのスピーチに非常に感銘を受けました。レセプションでの短い会話で述べたように、私はSpring Publishingの編集長で『Lifeand Career Magazine』を担当しています。

7月号では、特集記事の1つとしてあなたにインタビューしたいと思います。映画製作におけるこれまでの人生や、俳優や監督の志望者たちへのヒントについて、お会いしてお話できたら嬉しいです。ご興味をお持ちいただけましたら、ご都合がつきしだいご希望の場所で対面でのインタビューを行いたいと思います。おそらく約2時間かかります。
よろしくお願いします。

Robert Sledge

宛先：Robert Sledge <rsledge@springpublisher.com>
送信者：Martin Parker <martin.parker@oce-film.com>
日付：4月29日
件名：Re：インタビュー依頼

Sledge様

メールをありがとうございます。あなたが先週楽しい時間を過ごせたということでよかったです。はい、あなたの申し出をお受けします。これから5日間はロサンゼルスのCharlsbyホテルに滞在し、その後オレゴンに移動してポートランド大学で講演します。そこに2日間滞在します。私のホテルか大学のどちらかであなたにお会いすることができます。大学はここから確か車で約1時間のところです。

どの場所があなたに最適か教えてください。今週は午後2時以降は空いています。
あなたからの連絡を楽しみにしています。

よろしくお願いいたします。

Martin Parker

8月号のピックアップ

ロサンゼルスでのある午後、受賞歴のある映画製作者であるMartin Parkerはコーヒーを飲みながら彼の経験について話してくれました。Martin Parkerの映画への関心は、父親がいつもおとぎ話を読んでくれたおかげで高まりました。よく頭の中で父親がしてくれた話の場面を想像したものです。創造性と動物や昆虫への関心は、少年時代の彼を非常に忙しくさせました。「子供の頃、私は鳥がお互いにさえずり合っているのを見るのが大好きでした。彼らが私のことを話しているのか、それとも私が何か悪いことをしたとお母さんに言うのだろうかと思っていました。動物が何の話をしているのかを想像するのは今でも楽しいです」とMartinは言います。これは、Martinの映画が常に想像力に富み、感動的である理由を説明する素晴らしい洞察です。

Check 日本語訳

1. Parkerさんについて何が示されていますか？
(A) 最近映画デビューを果たした。
(B) 異なる種類の映画を撮影している。
(C) 以前に全国映画会議に出席したことがある。
(D) 全国映画会議で賞を受賞した。

2. 最初のEメールの第1段落・4行目にあるreceptionに最も意味が近いのは
(A) 合図
(B) 受け入れ
(C) 休憩
(D) 集まり

3. インタビューはおそらくどこで行われましたか？
(A) ポートランド大学
(B) Spring出版社
(C) Charlsbyホテル
(D) 全国映画会議

4. 記事について何が示唆されていますか？
(A) 圧倒的な好評を博している。
(B) いくつかの事実に関する誤りが含まれている。
(C) 次号に続く。
(D) 当初の予定より遅れて公開された。

5. Parkerさんが鳥について述べたのはなぜですか。
(A) 彼の新しい映画に子供たちを引き付けるため
(B) 彼がどのようにしてアイデアを得たかを示すため
(C) いくつかの撮影技術について伝えるため
(D) 曲について比較するため

Check 解答・解説

1. 正解（B）

Mr. Parker とは、1 つ目のメールの受取人であり、2 つ目のメールの差出人。1 つ目のメールの 2 行目に I was extremely impressed by your speech on how you have shot various types of movies. とあり、Mr. Parker がさまざまなタイプの映画をどのように撮ったかに関するスピーチをしたことがわかる。よって、正解は (B) の「異なる種類の映画を撮る」。

2. 正解（D）

As I mentioned in our brief conversation during the reception の reception とは、the National Movie Conference の後に行われるパーティーのこと。よって、同義語は (D) の「集まり」である。

3. 正解 (**C**)

インタビューが行われた場所を特定する。インタビュー依頼に対して、返信のメール（2つ目の文書）でI could meet with you either at my hotel or at the university と伝えている。このホテルとはCharlsby Hotel in Los Angelesのこと、また大学はthe University of Portlandである。3つ目の文書（記事）の冒頭でOn one afternoon in Los Angeles, award-winning filmmaker, Martin Parker shared his experience...とロサンゼルスでインタビューを受けたことが示されているため、正解は(C)。2つ目の文書と3つ目の文書の内容を関連させて解答する問題である。

4. 正解 (**D**)

記事の上部にPICK UP FOR AUGUST ISSUEとあるため、インタビュー記事は8月号に掲載されていることがわかる。しかし、1つ目のメールのインタビュー依頼の第2段落にはFor our July issue, I would like to interview you...とあって7月号を予定していることがわかる。よって、予定より1カ月遅れて掲載されているため、正解は(D)。

5. 正解 (**B**)

鳥について述べた理由を読み取る。3つ目の文書（記事）の7行目にMr. Parkerの発言としてAs a child, I really loved watching birds singing to each other.と鳥が鳴いているのを見るのが好きだったと述べ、自分のことを話しているのか、何か悪いことをしたとお母さんに言いつけようとしているのかと考えていたことを伝えている。さらに、I still enjoy imagining what animals might be talking aboutとして、今でもそんな想像をしているとある。つまり、どうやってアイデアを得たのかを示しているため、正解は(B)。

【著者プロフィール】

早川幸治（はやかわ こうじ）

ニックネームはJay(ジェイ)。IT 企業 (SE) から英会話講師に転身し、現在は TOEIC 対策を中心にこれまで全国 200 社以上で研修を担当。また、大学や高校でも指導。TOEIC990 点（満点）、英検 1 級取得。高校 2 年で英検 4 級不合格から、苦手が憧れに変わり、本気で英語に取り組む。主な著書に『2 カ月で攻略 TOEIC® L&R テスト 730 点！』（アルク）や『TOEIC®L&R テスト書き込みドリル』シリーズ（桐原書店）、『TOEIC® L&R テスト 出る語句 1800+』（コスモピア）など多数。株式会社ラーニングコネクションズ代表取締役。
twitter：@jay_toeic

●ウェブサイト：「Jay's Booster Station」
(https://boosterstation.jp/)：メルマガやポッドキャストを配信
●ブログ：「Jay の英語モチベーションブースター」
(http://ameblo.jp/jay-english)
● YouTube：「Jay の英語ブースターチャンネル」
(https://www.youtube.com/user/jayscoreup/)

TOEIC® L&Rテスト Part7 時間内制覇

2021 年 6 月 5 日　第 1 版第 1 刷発行

著者：早川幸治

装丁・本文デザイン：松本田鶴子
校正：高橋清貴
英文作成・校正：Sean McGee

発行人：坂本由子
発行所：コスモピア株式会社
〒 151-0053　東京都渋谷区代々木 4-36-4　MC ビル 2F

営業部：TEL: 03-5302-8378 email: mas@cosmopier.com
編集部：TEL: 03-5302-8379 email: editorial@cosmopier.com

https://www.cosmopier.com/　[コスモピア・全般]
https://www.e-st.cosmopier.com/　[コスモピア e ステーション]
https://www.kids-ebc.com/　[子ども英語ブッククラブ]

印刷：シナノ印刷株式会社

本誌のご意見・ご感想をお聞かせください！

本書をお買い上げいただき、誠にありがとうございます。
今後の出版の参考にさせていただきたいので、ぜひ、ご意見・ご感想をお聞かせください。（PC またはスマホで下記のアンケートフォームよりお願いいたします）

アンケートにお答えいただいた方の中から抽選で毎月 10 名の方に、コスモピア・オンラインショップ（https://www.cosmopier.net/）でお使いいただける 500 円のクーポンを差し上げます。
当選メールをもって発表にかえさせていただきます。

https://bit.ly/3emKSJ5